商业传播研究

SHANGYE CHUANBO YANJIU

苏林森 著

中国国际广播出版社

前 言

现代传播业的诞生和发展是伴随着商业发展而发展起来的，商业活动为传播业提供了经济支撑和扩张需求，传播媒体则加快、方便了商业流通，两者相辅相成。当媒体遇上商业经济，商业活动借助媒体进行广泛传播就应运而生。商业活动离不开信息、观念、知识、资讯的传播，传播行为也因商业的兴起而起源、发展。商业传播是人类社会的一项基本社会活动，尤其在进入信息爆炸与注意力稀缺的现代商业社会，传播更是显得至关重要。

商业传播就是企业或个人为了更好地销售产品或服务通过大众媒体对自己产品或服务方面的信息传达，以达到提升企业品牌形象，促进目标消费群体对自己产品或服务的认可，并希望对产品或服务产生销售或价值等方面的提升，达到利润最大化的目的。随着新媒体的迅速发展，越来越多的企业利用新的媒介手段进行商业营销活动、公关活动、客户管理等，开拓新的赢利模式与商业模式，媒体与商业的关系更加紧密。

商业传播作为现代传播活动的一个分支，在商业活动和人们日常生活中均扮演了十分重要的角色，与人们的生活密切相关。尤其在以社交媒体、移动媒体为代表的新媒体时代，通过媒体来传递商业信息已经成为一种习惯，如通过微博发一条广告、通过微信开微店，等等，都扩展了商业的流通。鉴于商业传播与人类生活密切相关，商业传播也逐渐被列为新闻传播学的主干课程，成为新闻传播学里的一个显学。另一方面，现代经济和管理也需依赖媒体来传递其商业信息，无论是广告、新闻发布会、各类促销，都离不开媒体的传播。因此，商业活动、市场经济的发展离不开媒体的发展。

《商业传播研究》一书着力讲授商业传播的概念和历史、商业活动与新闻传播的关系、公共关系、数据库营销、广告与市场营销、整合营销传播及企业文化等交叉知识，在讲授基础知识的同时，本书注重对各类案例的引用和介绍，本书适合新闻传播类本科或研究生层次使用，也适合作为管理类和经济类本科或研究生阅读参考。

本书源自作者于2014年起开设的硕士研究生课程《商业传播研究》，其中部分案例来自课堂讨论和作业，部分研究生刘若涵、杨智芳、邹世昌、赵化和本科生王刚参与了该书的资料提供、校对，北京交通大学传播学专业2014—2017级本科生、研究生课程为本书提供了第一手的资料和案例，在此一并致谢。

苏林森

2018年5月7日

目 录

第一章 商业传播学导论 / 001

第一节 学科背景、性质及意义 / 001

一、商业及其与商务的区别 / 001

二、传播的内涵 / 003

三、商业活动和传播 / 008

第二节 研究对象与主要内容 / 009

一、商业传播学的定义 / 009

二、商业传播学的研究对象、研究内容 / 010

三、商业传播学的学科意义 / 010

第二章 商业传播的类型 / 015

第一节 商业人内传播 / 015

一、 商业传播的类型和基本要素 / 015

二、商业传播活动中的人内传播 / 016

第二节 商业人际传播 / 019

一、人际传播的含义与类型 / 019

二、人际传播的动机 / 019

三、人际传播的途径：语言传播和非语言传播 / 022

四、商业传播中的人际传播 / 024
第三节 商业群体传播 / 025
一、群体与群体传播 / 025
二、商业传播中的群体传播 / 028
第四节 商业组织传播 / 029
一、组织与组织传播 / 029
二、商业传播中的组织传播 / 030
第五节 商业大众传播 / 035
一、大众传播 / 036
二、商业传播中的大众传播 / 038

第三章 新闻传播与商业社会 / 046
第一节 新闻传播与社会发展 / 046
一、媒介生态环境对媒介的决定作用 / 047
二、媒介在社会系统中的作用 / 048
三、媒介与社会发展的关系 / 049
第二节 传媒产业与宏观经济的关系研究 / 050
一、媒介产业与宏观经济关系最初研究框架：相对常数 / 050
二、相对常数原理框架的突破 / 054
第三节 新闻报道与商业发展 / 055
一、经济新闻的定义及其产生 / 055
二、改革开放以来中国财经新闻的发展历程 / 056
三、中国经济新闻发展现状 / 060
四、经济新闻报道存在的问题与发展之道 / 063

第四章　企业品牌传播与企业文化 / 068

第一节　品牌与企业品牌传播 / 068

一、品牌资产的五大元素 / 069

二、企业资产分类 / 070

三、品牌的价值：产业链利润微笑曲线的启示 / 070

四、品牌传播的特点 / 072

第二节　企业文化与新闻传播（品牌传播） / 073

一、企业文化 / 073

二、品牌传播与企业文化的关系 / 075

三、企业文化对品牌传播的影响 / 076

四、基于企业文化的品牌传播流程 / 078

第三节　企业识别系统传播策略 / 081

一、CI 定义 / 082

二、CI 系统构成 / 083

三、CI 系统的要素 / 084

四、CI 系统传播策略 / 087

第五章　广告与整合营销传播 / 092

第一节　广告与促销 / 092

一、广告的定义 / 092

二、广告的功能 / 092

三、促销的特征 / 093

第二节　整合营销传播与企业发展 / 094

一、整合营销传播定义 / 094

二、整合营销传播发展阶段 / 095

三、整合营销传播的意义 / 095
四、整合营销传播的七个层次 / 096
五、营销传播组合形式 / 098
六、整合营销传播的六种方法 / 103

第六章 社会化媒体与企业营销 / 106
第一节 社会化媒体发展现状 / 106
一、社会化媒体的概念及特点 / 106
二、社会化媒体的发展史 / 108
第二节 社交媒体时代企业营销的变化 / 111
一、传统媒体时代企业营销策略 / 111
二、社会化媒体营销的概念 / 112
三、社会化媒体营销带来的变革 / 113
四、社会化媒体营销的理论基础及方式变革 / 116
五、社会化媒体营销的应用及效果 / 118

第七章 数据新闻与商业传播 / 124
第一节 从精确新闻到数据新闻 / 124
一、精确新闻的概念 / 124
二、精确新闻在中国的发展历史 / 125
三、社会科学研究与精确新闻 / 127
四、精确新闻的功能 / 129
五、精确新闻报道中存在的问题及其原因 / 131
第二节 数据新闻 / 133
一、数据新闻的概念和特征 / 133

二、数据新闻的国内外实践 / 137
三、数据新闻的功能 / 139
四、数据新闻可视化 / 140
第三节 数据新闻对商业传播的影响 / 142
一、基于用户消费网络大数据的消费者行为研究 / 143
二、财经领域的机器人新闻写作 / 143
三、基于大数据的新闻对经济领域的报道 / 145

第八章 大数据与企业营销战略 / 148
第一节 数据库概述 / 148
一、营销理论基础的变化 / 148
二、数据库营销 / 149
三、数据库营销与精准营销 / 153
第二节 数据库管理与企业营销 / 154
一、数据库营销成为企业市场营销的新方式 / 154
二、数据库营销中常用的数据挖掘方法 / 155
第三节 大数据时代的企业营销 / 158
一、海量数据与企业营销 / 158
二、海量数据在各个行业的应用 / 159
三、海量数据对企业市场营销管理的影响 / 160

第九章 媒体、政府和企业的关系 / 166
第一节 中国公共关系的发展 / 166
一、从企业公关到政府公关 / 166
二、新媒体背景下企业公关和政府公关的转变 / 167

第二节　企业发展和政府的关系 / 168
一、媒体、企业和政府的关系 / 168
二、媒体与政府的关系 / 169
三、企业与政府的关系 / 170
第三节　媒体与政府管理 / 173
一、政府危机公关 / 173
二、社会化媒体对政府危机公关的影响 / 175
三、政府危机公关的问题 / 176
四、政府危机公关的策略 / 178

第十章　企业危机传播与公共关系 / 183
第一节　危机及公共关系 / 183
一、公共关系的界定 / 183
二、公共关系的构成要素 / 184
三、公共关系的发展历史 / 185
四、公共关系理论的发展 / 187
五、与公共关系有联系的几个概念 / 189
第二节　企业危机公关 / 191
一、危机公关概念界定 / 191
二、危机公关处理原则 / 192
三、企业如何处理危机 / 194
四、建立危机处理日常机制 / 195
五、企业如何与媒体沟通 / 196
第三节　新媒体时代的企业危机公关 / 197
一、社会化媒体环境下危机传播的特点 / 197

二、新媒体环境下企业危机公关策略 / 198

第十一章 商业传播的效果与评估 / 204

第一节 商业传播的效果 / 204

一、商业传播效果的主要特点 / 204

二、商业传播效果测定过程 / 205

第二节 影响商业传播效果因素 / 205

一、商业传播的效果及其评价指标 / 205

二、新媒体广告效果评估 / 207

第三节 商业传播的效果评估与反馈 / 208

一、商业传播效果评估模型 / 208

二、传统商业传播效果评估方法 / 217

三、新型商业传播效果评估方法 / 218

参考文献 / 223

第一章　商业传播学导论

第一节　学科背景、性质及意义

一、商业及其与商务的区别

商业，是一种有组织的提供顾客所需的商品与服务的行为。商业，从原本的意义上说，可以定义为：独立的商人所从事的商品交换的业务活动。商，就是商人；业，就是事业，或业务活动[①]。一般认为，商业源于原始社会以物易物的交换行为，后来发展成为以货币为媒介进行交换从而实现商品流通的经济活动。商业的本质是交换，而且是基于人们价值认识的等价交换。

商业活动是一个综合性的经济活动或业务活动，可以按照不同的标志进行各种不同的分类，每一个分类还有其各自内部的层次分类，而每一种分类都有其固有的基本要素。按照职能的不同划分：可分为商业业务活动项目单位、商业企业、商业行业、商业部门；按照经营范围的不同划分：可分为物质商品经营业、服务业、饮食业、旅游业、银行业、信息业、证券业、劳务业、科技成果转让业等；按照经营形式的不同划分：可分

① 韩枫．论商业概念及其分类的创新发展［J］．商业时代，2007（02）．

为独立经营业、联合经营业、合作经营业、合伙经营业、委托经营业等；按照经营的空间范围的不同划分：可分为国内商业、对外贸易、国外商业等；按照资金来源的不同划分：可分为内资商业、外资商业、中外合资商业等[①]。商业的分类也是与时俱进，不断发展的，随着互联网、电子商务的兴起，从运营空间的角度，可分为线下商业和线上商业，中国是世界上最大的电子商务市场，占全球总交易额的40%以上[②]，中国商业已包含物质和非物质商品流通，线上与线下并存的局面，这种商业发展现状是不断发展而来的。

（一）商业发展简史

以时间划分，商业发展可分为古代阶段、近代阶段和现代阶段。

古代阶段，最开始是以物易物的原始商品交换，人们用自己已有的物品或服务与别人交换，以换取别人的物品或服务。随后发展为以货币为媒介的简单商品交换，人们使用金钱作为交易的工具，等价交换开始出现。货币流通日益成熟后，商店、钱庄、漕运出现后，商品交换更为发达了，有了固定的交易场所和渠道，商品交换逐渐变为一种日常性的、规模较大的流通贸易活动。

进入近代，工业革命推动商业迅速发展，19世纪晚期出现了邮购订货，得益于交通工具和邮递事业的发展，商品交换不再局限于当面交易，更加方便快捷。20世纪60年代，汽车运载上门销售流行起来，商品运输方式更加多样化，商家逐渐转变销售观念，把商品送到顾客的家门口。60年代后期，折扣减价大型超市逐渐增多，人们能够以更加低廉的价格购买商品，消费欲望得到刺激。70年代，电话销售快速发展，商家以电话为主要沟通手段，与客户直接联系，完成公司产品的推介、咨询、报价以及产品成交条件确认等主要营销过程。80年代，电视购物兴起，商家通过电视平台向广大消费者展示产品品质，并提供配送服务，但是电视购物也存在虚假

① 韩枫．论商业概念及其分类的创新发展［J］．商业时代，2007（02）．

② 引自新浪网：http：//tech.sina.com.cn/i/2017-12-12/doc-ifypsvkp2175693.shtml.

宣传和夸大产品功效等问题。

20 世纪 90 年代，随着互联网的出现及迅速普及，商业发展进入了新的时代——线上时代。电子商务发展迅速，这是一种依靠电子设备和网络技术运营的商业模式，核心要素包括商城、消费者、产品和物流。21 世纪已经成为数字化营销的时代，数字营销是指借助互联网络、电脑通信技术和数字交互式媒体来实现营销目标的一种营销方式。数字营销将尽可能地利用先进的计算机网络技术，以最有效、最省钱地谋求新市场开拓和新消费者挖掘。

（二）商业与商务的区别

与商业紧密相关但又有区别的一个概念是商务，商务（commerce）有狭义和广义之分，狭义的商务仅指商业贸易流通、交换、服务方面的经营；广义的商务泛指工厂、企业、公司等各种经营单位的采购、生产、销售以及贸易流通交换服务方面的各种经营活动，即一切与买卖商品、服务相关的商业事务。具体而言，商业（business）是国家国民经济的一个部门，商务是经营单位的经营活动。商业工作不仅涵盖了商务活动，还包括了商业管理。而所谓商务活动，是指企业为实现生产经营目的而从事的各类有关资源、知识、信息交易等活动的总称。

二、传播的内涵

（一）传播的定义

关于“什么是传播”，国内外诸多学者从不同学科的角度给出了定义。库利从社会学角度出发，认为传播是指人与人关系赖以成立和发展的机制——包括一切精神象征及其在空间中得到传递、在时间上得到保存的手段。它包括表情、态度、动作、声调、语言、文章、印刷品、铁路、电报、电话以及人类征服空间和时间的其他任何最新效果。皮尔士从符号学角度出发，认为传播即观念或意义（精神内容）的传递过程。贝雷尔森和塞纳则认为，运用符号——词语、画片、数字、图表等传递信息、思想、感情、技术等的行为或过程即是传播。国内学者也对传播的概念做出了界定。郭庆光认为，传播是社会信息的传递或社会信息系统的运行。胡正荣将传播看作信息流动的过程，并包含两个要素——信息、流动。而张国良则认为传播即传授信息的行为（或过程）。

此外，关于传播的内涵，还有以下几种学说。

（1）刺激反应论（stimuli-response）。指传者通过传播会带给受众一种刺激信号，并引起受众的反应。

（2）意义的分享（meaning-share）。指传播是一种分享意义、达成共识的活动。

（3）态度的说服（persuasion of attitudes）。传播是一方对另一方态度说服的过程。

（4）信息的传递（information transmission）。传播是一种传递信息的活动。

（5）象征的互动（symbolic interaction）。传播是人与人之间通过传递象征符号和意义而相互作用、相互影响的过程，人是具有象征行为活动的社会动物，而且这种活动是积极的，具有创造力的。

（二）代表性的传播模式

传播学素以图像模式见长，用传播学模式可以简单勾勒出传播学的发展脉络和发展轮廓，便于人们对庞大的传播学理论一目了然，这里仅列举三个具有代表性的传播学模式：

1. 拉斯韦尔的“5W”直线传播模式

1948 年，美国政治学家，传播学四大奠基人之一的哈罗德·拉斯韦尔发表了《社会传播的结构与功能》一文。在这篇文章中，拉斯韦尔明确提出了传播过程及其五个基本构成要素，即：谁（who）、说什么（what）、通过什么渠道（in which channel）、对谁（to whom）说、取得什么效果（with what effect），即“5W 模式”。

具体来说，“谁”就是传播者，在传播过程中担负着信息的收集、加工和传递的任务，传播者既可以是单个的人，也可以是集体或专门的机构；“说什么”是指传播的讯息内容，它是由一组有意义的符号组成的信息组合，包括语言符号和非语言符号；“渠道”是信息传递所必须经过的中介或借助的物质载体，它可以是诸如信件、电话等人际之间的媒介，也可以是报纸、广播、电视等大众传播媒介；“对谁”，就是受传者或受众，受众是所有受传者如读者、听众、观众等的总称，它是传播的最终对象和目的地；“效果”，是信息到达受众后在其认知、情感、行为各层面所引起的反应。它是检验传播活动是否成功的重要尺度。

这个模式简明而清晰，是传播过程的经典模式，也是各种复杂模型的基础。此外，这一模式还奠定了传播学研究的五大基本内容：即“控制分析”“内容分析”“媒介分析”“受众分析”“效果分析”。

2. 香农 – 韦弗数学模式

该模式于 1949 年由信息论创始人、美国两位信息学者 C. 香农和 W. 韦弗在《传播的数学理论》首次提出，又称为“传播过程的数学模式”，其内容主要描述电子通信过程（图 1–1）。

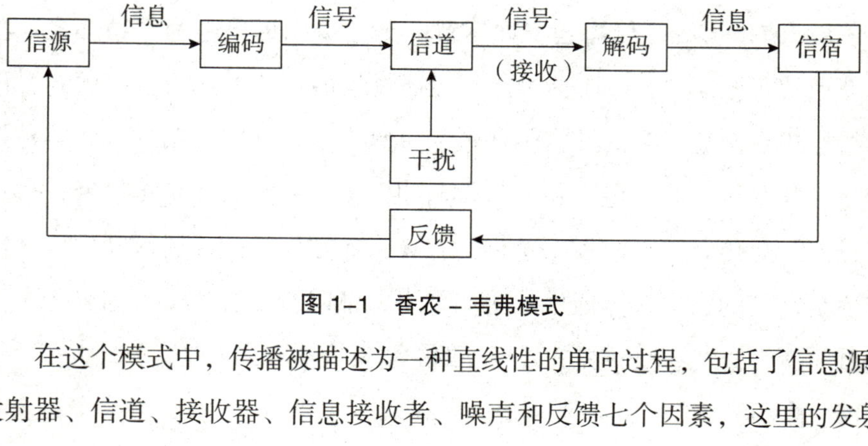

图 1–1　香农 – 韦弗模式

在这个模式中，传播被描述为一种直线性的单向过程，包括了信息源、发射器、信道、接收器、信息接收者、噪声和反馈七个因素，这里的发射器和接收器起到了编码和译码的功能。它的第一个环节是信源，由信源发出讯息再由发射器将讯息转为可以传送的信号，经过传输，由接收器把接收到的信号还原为讯息，将之传递给信宿。在这个过程中讯息可能受到噪音的干扰（例如，在收看广播电视节目时，天线接收功能不好，电视信号又过强，造成图像不清晰；教室里光线过强，影响了显示在屏幕上的投影图像的清晰度；教室外过道上的谈话声过大，影响了课堂的教学授课及学生听讲等，这些都可以看作噪声的影响），产生某些衰减和失真。

香农－韦弗模式为传播过程研究更进一步提供了重要的启发。首先，该模式导入了噪声的概念，表明了传播不是在封闭的真空中进行的。其次，通过对技术和设备环节的分析，提高了传播学者对信息科技在传播过程中的作用的认识。再次，为以文理结合的方法考察传播过程打下了基础。然而，这个模式也存在一定的局限性。香农－韦弗模式描述的是电子通信过程，而且是一个直线单向的过程，缺少反馈的环节，所以不能应用于人类的社会传播。在考察人类的社会传播时，反馈的因素和环节是不容省略的。互动是社会传播的本质特征，传播双方都是具有能动性的主体，离开反馈便无法阐释互动性。

3. 施拉姆的循环模式

在 C.E. 奥斯古德的观点启发的基础上，1954 年美国传播学者威尔伯 · L · 施拉姆在《传播是怎样运行的》一文中提出名为“循环模式”的新模式（图 1–2）。在这之前，传播过程的主要模式为直线模式，而直线模式在阐述人类的社会传播过程中具有明显缺陷：第一，它容易把传播者和受传者的角色、关系和作用固定化，一方只能是传播者，另一方只能是受传者，不能发生角色的互换；而在人类的传播活动中，这种转换是常见的，现实生活中的我们每个人都同时具备传播者和受传者的双重身份；第二，直线模式缺乏反馈的要素或环节，不能体现人类传播的互动特质。

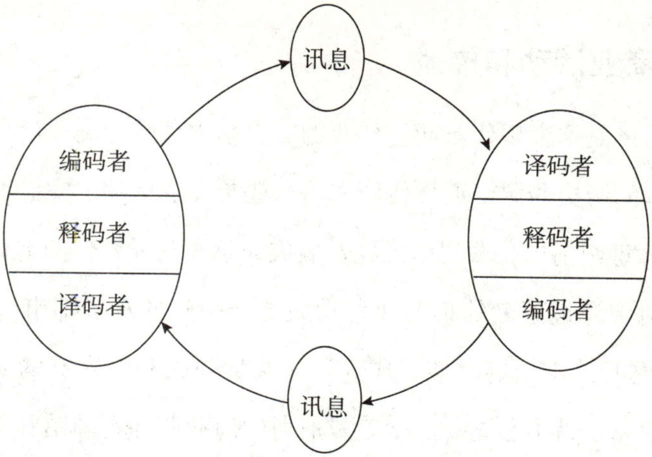

图 1-2　施拉姆的循环模式

具体而言，施拉姆的循环模式有以下特点：首先，没有传播者和受传者的概念，传播双方都作为传播行为主体，通过讯息的授受处于你来我往的相互作用之中；其次，该模式的重点不在于分析传播渠道中的各个环节，而在于解析传播双方的角色功能；最后，参与传播过程的每一方在不同的阶段都依次扮演并相互交替着译码者（执行接收和符号解读功能）、释码者（执行解释意义功能）和编码者（执行符号化和传达功能）的角色，这个模式在当前 UGC（User Generated Content）时代尤为适合，用户在接收信息的同时，也通过社交媒体、自媒体传播信息。

循环模式强调了社会传播的互动性，弥补了此前直线模式的缺陷，并把传播双方都看作传播行为的主体。但它也有缺陷，首先它把传播双方放在完全对等或平等的关系中，与社会传播的现实情况有不符之处；其次，它能够体现人际传播特别是面对面传播的特点，却不能适用于大众传播的过程中。

总而言之，作为学科，传播学是指研究社会信息系统及其运行规律的科学，在此意义上，传播是指社会信息的传递或社会信息系统的运行，传播的内容是信息，传播的根本目的是传递信息，因此，传播是人与人之间、人与社会之间，通过有意义的符号进行信息传递、信息接收或信息反馈活动的总称。

三、商业活动和传播

市场经济是孕育现代新闻传播业的一大基本条件，商业活动与传播活动具有久远的历史渊源，近现代新闻传播业与商业活动的发展就紧密联系在一起。14 世纪前后，威尼斯已经发展成为意大利最繁忙的港口城市，被誉为整个地中海最著名的集商业贸易旅游于一身的水上都市。14 世纪至 15 世纪威尼斯处于全盛时期，成为意大利最强大和最富有的海上“共和国”、地中海贸易中心之一。随着威尼斯的商业萌芽逐渐茁壮，人们对商业信息的知晓需求也逐渐扩大，因此，新闻传播事业也开始在这片土地孕育成长。15 世纪，威尼斯开始出现手抄小报。16 世纪时，威尼斯产生了一些采访有关政治事件、物价、船舶到达等消息的机构，有些新闻论著称为《威尼斯公报》。1566 年，世界上近代第一份报纸《威尼斯新闻》诞生了。

资本主义时代从 16 世纪开始，资本主义商品经济出现以后，引起了社会的变革，主要表现在：第一，社会的规模大大扩大；第二，社会的变动大大加速；第三，社会分工大大精细了。这些变化打破了自给自足的自然经济，人们不但需要了解本地的情况，还必须关心世界各地的重大事变。1660 年英王查理二世复辟，上台伊始下令查封所有报纸，唯有一位绅士麦迪曼获得发布国内新闻的特权，他不用印刷，而是雇人抄写新闻，每周一期，每期售价 5 英镑，但一般的商人、外交官、咖啡馆老板、金融界老板却忍痛订阅，麦迪曼为此大发横财，发布新闻权一时成为英国最大肥缺之一。资本的原始积累在增加，资本的集中加速，使资本家有可能独资或合资办报刊，资本家推销商品，需要大量刊登广告，报纸也可以从广告中获取大量利润，资本主义商品经济不但使新闻事业的产生有了社会必要，而且为新闻事业的产生准备了物质手段，如城市化、相对便利的交通、受过教育的读者群、印刷机器等，植根于这样深厚的社会经济土壤中，报刊的产生成为历史的必然[①]。

此后，在工业革命的推动下，全球贸易以前所未有的速度向前发展，商业繁盛。商业活动范围的扩大和程度的加深，使得大众对于商业信息的需求与日俱增。在此背景下，19 世纪 30 年代，随着广告的发展，大大降低了报纸的定价，出现了以传递商业贸易信息为主的廉价报纸，这种廉价的报纸就是商业报刊的最早代表，其代表性的报纸是美国三大便士报：《纽约太阳报》（*New York Sun*）、《纽约先驱报》（*New York Herald*）和《纽约论坛报》（*New York Tribune*）[②]。商业活动与传播的联系由此更为密切，中国改革开放以来商业媒体广告的恢复与发展就是市场经济下商业发展与新闻传播业关系的有力证据。

第二节　研究对象与主要内容

一、商业传播学的定义

商业传播学是研究商务活动、商务行为、商务工作中的传播现象和规律的一门科学，它是商务学科、信息学科、新闻学科、传播学科的融合和升华。商业传播学是一门跨学科的新兴学科，涉及新闻传播学、广告学、市场营销、公关等学科。

---

① 李良荣．新闻学概论（第五版）［M］．上海：复旦大学出版社，2014：62-80.

② 李彬．全球新闻传播史（公元 1500—2000 年）［M］．北京：清华大学出版社，2005：170-195.

二、商业传播学的研究对象、研究内容

商业传播的主要构成部分为商业管理工作中的传播活动、商务工作中的传播活动。商业传播的主要目的和任务是把国民经济部门搞活、搞规范、搞得兴旺发达，从而获得更好的经济效益。

商业传播学的主要内容由三部分组成。一是商务活动、商务行为、商务工作的新闻研究，财贸新闻、财经新闻、经济新闻都包括在内。二是公共关系、广告、市场营销的研究，这些领域有大量的信息传播活动，虽然公关、广告、营销都各是一门学问，但从传播学的角度，把它们整合起来研究，或许有新的发现。三是企业文化中的传播技巧，企业文化是一个很大的概念，但企业文化中有相当一部分是属于商业传播性质，是直接或间接为当前或长远的商务工作服务的。

商业传播的方法和途径主要是沟通，但不限于沟通。说服方法主要有：信息说服，即凭借受者可理解的、可信的和容易记忆的信息来达到说服效果；归因说服，是指受众受到归因认知类型的影响，对特定行为原因进行假设；感情说服，就是用感性因素引起受者的情感刺激；另外，还有动机说服、比较说服、社会影响说服等。

在实践层面上，商业传播是企业为了更好地销售产品和服务所采取的手段方式，企业通过大众媒体进行对自己产品或服务方面的信息传达，以达到提升企业品牌形象、促进目标消费群体对产品或服务的认可、提高产品或服务等方面的销售价值、实现利润最大化的目的。

商业传播与新闻传播都属传播，但两者具有不同的导向目标。新闻传播重政治、重政策、重导向；商业传播则重经济、重诚信、重操作、重效益。

三、商业传播学的学科意义

在世界经济一体化、信息传播全球化的时代，商业传播已经渗透到各行各业。企业的发展离不开品牌的提升和宣传，企业与媒体、企业与政府

之间存在着千丝万缕的联系。新媒体的快速发展又给企业带来了新的机遇和挑战，商业传播人才成为各企业部门所争夺的热门。在媒体技术发生根本性变化的新时代，商业传播迎来前所未有的发展机遇。通过讲授商业活动与新闻传播的关系、公共关系、广告与市场营销及企业文化等交叉知识，该书为培养市场亟须具备商业实务传播操作技能的专门化人才提供参考。

案例——“认证商业传播师”引入中国

时间：2008年9月16日　新闻来源：网易

经过为期近一年的培训与考核，今天，中国首批获得国际商业传播专业资格认证的商业传播师诞生了。在下午举行的颁证仪式上，10名来自专业公关传播机构和企业公关部门的精英们获得了“认证商业传播师”的称号。商业传播国际认证正式引入中国，为中国的商业传播行业带来了国际化的专业评估标准，也推动了中国商业传播人员与国际同行之间的交流。

此次国际商业传播专业资格认证项目由上海市公关协会（SPRA）与国际商业传播师协会（IABC）共同合作完成。从2007年4月双方签署合作协议，将IABC专业认证“认证商业传播师”（ABC）的概念引入中国以来，在随后近一年的时间里，双方共同着手开展了该专业资格认证的报名、培训和考试等工作。

从申请、培训到考核，商业传播国际认证有着一套严格而规范的体系，着重考量从业人员的战略思维能力和传播技术。首批通过申请资格审核的十余名学员都是在公关传播领域工作多年，具有必要学位和一定工作年限，并积累了丰富经验的从业人员。在通过资格审核之后，学员必须提交两个在以往工作中亲自负责的案例，然后由专程从美国来沪的IABC专业认证委员会的领导对学员们进行为期两周的培训，在此过程中，学员们系统地学习了商业传播与营销沟通的先进理念和思维方式，并互相分享工作中的实战经验。今年3月29日、30日，举行了认证的最后阶段——笔试和口试两项考核，最终有10名学员通过了首批国际商业传播专业资格认证，获得由IABC颁发的“认证商业传播师”证书。

“检验和提高从业人员的专业水准，识别精英人才，为行业的发展起到标杆和引领作用，使中国的公关从业人员与全球传播同行实现‘无缝对接’，共同进步”。上海市公关协会会长毛经权这样评价商业传播国际认证对于中国公关传播行业发展的意义。毛会长指出，“中国的公关传播业正面临从快速发展进入理性发展的阶段，而首批认证商业传播师的诞生，将为中国公关传播行业的健康发展和整体水平的提升起到积极的推动和示范作用。”

在颁证仪式上，专程来沪的国际商业传播师协会主席Julie Freeman女士向首批获得认证的学员表示热烈的祝贺。“他们都经历了整个认证过程的严格淬炼，才获得了‘认证商业传播师’的称号。这些中国的同行们以他们的成就诠释了ABC的定义——‘国际水准，由你体现（The Global Standard，A Personal Statement）’。IABC希望通过这个项目为中国的公关传播领域带来最新最先进的职业技能和战略思维理念，进一步提高中国公关传播从业人员的专业水准。我们向所有参与这个项目的人员表示衷心的感谢。”

上海市政协副主席、中欧国际工商学院院长朱晓明出席了今天的颁证仪式。朱晓明表示，引进国际商业传播专业资格认证是上海大力扶持现代服务业，重点培养高素质高技能人才的一个成功实例。在国际化标准的评估和检验下，商业传播行业的价值将广泛地体现于公共关系、市场营销、公众事务、投资广告和人力资源等各种形式的传播领域中，推动社会经济又好又快地发展。

该项目的顺利启动和实施，得到了全球广告、营销和企业传播领域的领导者宏盟集团的鼎力支持。宏盟集团高级副总裁、亚太区总裁杜孟先生表示，感谢上海市公关协会、国际商业传播师协会以及凯旋先驱公关公司对该认证项目的出色领导，宏盟将继续关注“国际商业传播专业认证”工作在中国的开展，协助推动中国公关、市场营销业的健康发展和优秀公关营销人才的培养。

作为全球领先的公关公司，宏盟集团旗下的凯旋先驱在推进该项目过程中起了关键的作用。凯旋先驱公关公司大中华合伙人兼首席执行官朱伟基先生说：“自从凯旋于1993年在中国大陆设立第一间办事处开始，就一直大力提倡要提升本土公关行业的专业标准。我们认为，上海市公共关系协会和IABC此次合作将提供一个很好的平台，把国际专业人员的认可资格标准引入中国，实现以上的目标。”

据悉，第二批国际商业传播专业资格认证项目的学员推荐和招募工作已经展开，正式的申请和资格审核也将于近期启动。第一批获得认证的人员将有望参与到今后认证的培训和考核工作中，为更多公关从业者分享这一“具有全球性权威的国际专业认证”的经验和理念。

国际商业传播专业认证是由国际商业传播者协会（The International Association of Business Communicators，IABC）推出，该证书要求学员在传播的策划、执行、评估和职业道德方面展示自己的知识，国际商业传播者协会成立于1970年，是由80多个国家的大约15000名企业传播领域的专业人士组成的专业网络，成员涉及营销、公关、写作、编辑、授课、图形设计和人力资源等专业领域。

该证书被称为中国公关业的三大证书之一（另两大证书是国家公关员职业资格证书和上海公关经理岗位资格证书），将有力推动中国公关业和商业传播行业的规范化和国际化。

第二章　商业传播的类型

第一节　商业人内传播

一、商业传播的类型和基本要素

商业传播的类型和基本要素大致与传播的五种类型和传播过程的基本要素相对应，根据传播对象的大小，传播的五种类型分别是人内传播、人际传播、群体传播、组织传播和大众传播。传播过程有五大基本要素（即传播的“5W 模式”）：一是传播者，即传播行为的发出者；二是受传者，即讯息的接收者和反应者；三是讯息，即由一组相互关联的有意义符号组成，是传播者和受传者之间社会互动的介质；四是媒介，又称传播渠道、信道、手段或工具；五是效果，指传播内容引起受众在认知、态度和行为等方面的变化。

根据传播类型的划分方法，相应地，商业传播的类型分为以下五种：第一，商业人内传播，是指商业活动中个人自我的传播活动；第二，商业人际传播，是指商业活动中两个人之间的传播活动；第三，商业群体传播，是指在商业活动中两个人以上的传播；第四，商业组织传播，是指商业活动中有组织的多个人当中进行的传播；第五，商业大众传播，是指商业活动中运用大众媒介工具进行的传播。

商业传播既具备传播的基本要素，也包含商业的基本要素，主要由以下几个方面组成。一是传播者，主要是商业活动中的商业组织和个人；二是传播的控制，主要由国家的法律法规来完成，辅以社会道德规范的约束；三是传播渠道，既包括语言、文字、图片、视频等各类传播介质，也包括报刊、广播、电视、互联网和移动媒体等各种传播渠道；四是传播内容，主要表现为商业管理与经营信息；五是接收者，指的是公众或受众（消费者）以及潜在的商业组织；六是噪音，表现为商业传播过程中的错误、文化冲突以及失败的传播方式；七是效果与反馈，即受众对商业传播的效果和商业传播的反馈，主要通过消费者调查和社会舆论等方式来得到。

二、商业传播活动中的人内传播

（一）人内传播的定义

人内传播（Intra-personal communication），又称自我传播，是个人接受外部信息并在人体内部进行信息处理的活动。出于自我需要、社会需要，人在社会化过程中渐进地认知他人和自己，及时进行自我调节以适应环境的变化，因此，人内传播是人的思维与意识活动的社会心理过程。内向传播侧重于个体特征阐释（如谈话自恋、喜好争论、交往恐惧等）、行为阐释（如行为目标、行为规范等）以及思维机制阐释（如认知、情绪、意愿等）。自言自语、自问自答、“面壁思过”、“吾日三省吾身”等都是常见的人内传播例子。

人内传播具有以下几个特性：第一，人内传播是个体（个人）信息系统内的传播活动；第二，人内传播的过程由感觉、知觉、表象、概念、判断、推理等环节和要素构成，是能动的意识、思维和心理活动，具有生产性和创造性；第三，人内传播虽然与人体内部的生理机制密切相关，但在本质上是对社会实践的反映，具有鲜明的社会性和实践性；第四，人内传播是其他一切社会传播的基础，与其他类型的传播相互衔接、相互影响和相互作用。

（二）人内传播的相关理论

与人内传播相关的理论主要有“主我”与“客我”理论和“自我互动论”：

1. 米德的“主我”（I）与“客我”（ME）理论

最早从传播的角度对人的自我意识及其形成过程进行了系统研究的是美国社会心理学家 G.H. 米德。早在 20 世纪初，米德在研究人的内省活动时发现，自我意识对人的行为决策有着重要影响。自我可以分解成相互联系、相互作用的两个方面：一方是作为意愿和行为主体的“主我”，它通过个人围绕对象事物从事的行为和反应具体体现出来；另一方是作为他人的社会评价和社会期待之代表的“客我”，它是自我意识的社会关系性的体现。换言之，人的自我是在“主我”和“客我”的互动中形成的，同时又是这种互动关系的体现。米德认为，人的自我意识就是在这种“主我”和“客我”的辩证互动的过程中形成、发展和变化的。“主我”是形式，由行为反应表现出来；“客我”是内容，体现了社会关系方方面面的影响。“客我”可以促使“主我”发生新的变化，而“主我”反过来也可以改变“客我”，两者的互动不断形成新的自我。

2. 布鲁默的“自我互动论”

布鲁默在 1969 年出版的《象征互动论》一书中提出一个观点：人能够与自身进行互动——自我互动（self interaction）。他认为，人是拥有自我的社会存在，人在将外界事物和他人作为认识对象的同时，也把自己本身作为认识的对象。在这个过程中，人能够认识自己，拥有自己的观念，与自己进行沟通或传播，并能够对自己采取行动。布鲁默指出，这种与自身的互动——“自我互动”本质上是与他人的社会互动的内在化，即社会联系、社会关系在个人头脑中的反映。不过，自我互动并不是社会互动在头脑中的简单再现，而是具有自身特点。换言之，在自我互动过程中，人脑中会出现关于他人期待（如妻子期待自己是个好丈夫，子女期待自己是个好父亲、上司期待自己是个好部下等）的印象，个人会考虑这些期待对自己的意义。但是，个人并非原封不动地接受这些期待，在人内传播的过程中，个人会沿着自己的立场或行为方向对他人期待的意义进行能动的理解、解释、选择、修改、加工，并在此基础上重新加以组合。经过这个过程的他人期待已不是原来意义上的他人期待，它所形成的自我也已不是原来意义上的自我，而是一个新的行为主体。

布鲁默的“自我互动”理论有助于我们理解社会传播与个人、自我的关系：人不但与他人进行传播，也与自我本身进行传播。自我传播同样具有社会性，是与他人的社会传播关系在个人头脑中的反映。自我传播对个人具有重要意义，通过自我传播，人能够在与社会、他人的联系上认识、改造自己，不断实现自我的发展和完善。

（三）商业传播中的人内传播

所谓商业人内传播，是指商业活动中个人自我的传播活动。在商业活动中，参与其中的各方有着不同的角色期待。在职场上，商务人士希望被他人看作经理、同事、主管等，并具有干练、新锐、负责任等形象；而在家庭方面，他们又可能承担着配偶、父母、子女等的角色，具有主动、负责任以及付出等相关品质，并获得相应形象。

常见的商业人内传播活动有自我反省、产品创意构想、自我舒缓压力、自我管理、自我总结，等等。自我反省即个人在商业活动中对自身行为的反思；产品创意构想即个人在商业活动中对于产品设计创意的思路构想；自我舒缓压力即个人在繁忙商业活动中的自我减压行为；自我管理即个人在商业活动中对自身行为的管理和掌控；自我总结即个人在商业活动中对自我反省、产品创意构想、自我舒缓压力、自我管理等各种行为的总结。

第二节　商业人际传播

一、人际传播的含义与类型

人际传播指个人与个人之间的信息传播活动，也是由两个个体系统相互连接组成的新的信息传播系统。人际传播与人内传播紧密相连，但又与人内传播不同，这表现在人内传播是一个行为主体（个人）内部的信息活动，而人际传播则是两个行为主体之间的信息活动。人际传播是一种最典型的社会传播活动，也是人与人社会关系的直接体现。

人际传播可分为单向的和双向的人际传播、面对面和非面对面进行的人际传播。常见的人际传播表现方式为二人间的面谈、书信往来、打电话、微信聊天，等等。

二、人际传播的动机

（一）人际传播的基本动机

个人为什么要与他人进行传播？换言之，人际传播的动机是什么？从人的生存和发展角度看，人际传播的首要动机和目的就是获得信息。这里所说的信息是狭义上的，即关于生产、生活和社会的有用情报。

其次，建立与他人的社会协作关系，也是人际传播的一个基本动机。人是社会动物，个人离开了他人、离开了与他人的社会交往和协作，同样不能生存。社会协作是广泛的，既包括一般意义上的角色分担，也包括各种活动中的行动协调。世界上没有纯粹属于一个人从事的活动，许多表面上是个人独立完成的工作，实际上都是建立在二人以上的多人合作和配合的基础之上的。要谋求与他人合作，就必须积极进行说明、解释、协商等各种各样的人际传播或沟通活动。

再次，人际传播不仅通过他者视角增强自我了解，也能增强自我与他人之间的相互了解，是个人与他人建立有效社会协作关系的基本前提，通过人际传播可以获得人生经验，更深入地认识自己、了解他人。所以，人际传播的第三个基本动机是自我认知和相互认知。

最后，人际传播能满足人的精神和心理需求。通过人际传播，人与人之间可以进行倾诉、宣泄和分享等，实现精神和心理层面的需求。

（二）人际传播动机相关理论

人际传播是在两个或两个以上的人之间进行的面对面或通过简单媒介（非大众传播媒介，如信件、电话）进行的信息交流活动，关于人际传播动机的相关理论主要有：

马斯洛需求理论。该理论由美国心理学家亚伯拉罕·马斯洛在 1943 年在《人类激励理论》论文中所提出。马斯洛把人的需求分成生理需求（Physiological needs）、安全需求（Safety needs）、爱和归属感（Love and belonging）、尊重（Esteem）和自我实现（Self-actualization）五类，依次由较低层次到较高层次排列。在自我实现需求之后，还有自我超越需求（Self-Transcendence needs），但通常不作为马斯洛需求层次理论中必要的层次，大多数会将自我超越合并至自我实现需求当中。

根据该理论，五种需求像阶梯一样从低到高，按层次逐级递升，但这种次序不是完全固定的，可以变化，也有种种例外情况。需求层次理论有两个基本出发点：一是人人都有需要，某层需要获得满足后，另一层需要才出现；二是在多种需要未获满足前，首先满足迫切需要，该需要满足后，后面的需要才显示出其激励作用。一般来说，某一层次的需要相对满足了，就会向高一层次发展，追求更高一层次的需要就成为驱使行为的动力。相应地，获得基本满足的需要就不再是一股激励力量。

人也具有人际传播的需求，这种需求以不同程度存在于马斯洛所定义的五个层次的需求上。

库利的“镜中我”（the Looking-glass Self）概念。美国社会学家C·H·库利在1909年出版的《社会组织》一书中提出“镜中我”的概念。他认为，人的行为在很大程度上取决于对自我的认识，而这种认识主要是通过与他人的社会互动形成的，他人对自己的评价、态度等，是反映自我的一面“镜子”，个人透过这面“镜子”认识和把握自己。因此，人的自我是在与他人的联系中形成的，这种联系包括三个方面：（1）关于他人如何“认识”自己的想象；（2）关于他人如何“评价”自己的想象；（3）自己对他人的这些“认识”或“评价”的情感。在这其中，前两项只有在与别人的接触中，透过别人的态度才能够获得。库利认为，“镜中我”也是“社会我”，传播特别是初级群体中的人际传播，是形成“镜中我”的主要机制。一般来说，这种以“镜中我”为核心的自我认知状况取决于与他人传播的程度，传播活动越活跃，越是多方面的，个人的“镜中我”也就越清晰，对自我的把握也就越客观、越准确。

约哈里之窗。约哈里之窗指由约瑟夫·勒夫特（Joseph Luft）和哈里·英厄姆（Harry Ingham）二人提出的个人在人际信息交流中构成的知觉模式，它用窗户式的图形表现自我知觉和他人对自己的知觉的四种心理区域（图2-1）：自知人亦知的为“开放区域”，人知自不知的为“盲目区域”，需要从别人处得知关于自我的信息，自知人不知的为“秘密区域”，要想人际沟通效果好，必须坦诚，缩小“秘密区域”，自不知人亦不知的为“未知区域”，增加人际的信息交流，缩小这个区域。

	了解自己	不了解自己
他人了解	**公开的自己** 你和他人都很了解你本人	**盲目的自己** 别人很了解你，但你对自己不甚清晰
他人不了解	**隐藏的自己** 你很了解自己，但别人不了解	**未知的自己** 你和别人都不清楚的关于自己的信息

图 2-1　约哈里之窗

心理学研究表明，人际之间交往状况的好坏与否，在很大程度上取决于相互之间“自我展示”的程度。人与人的交往是一个互动过程，自己对别人开放的区域越大，往往容易获得对方相一致的开放区域。一般而言，尽量扩大“开放区域”，缩小“秘密区域”，多向对方袒露心扉，自然容易获得别人的好感。

三、人际传播的途径：语言传播和非语言传播

（一）语言传播

人际传播的核心媒体无疑是语言，语言又分为声音语言和书写语言，声音语言是人际传播也是自我表达的最基础的媒体。声音语言的传播形式有面对面交谈、会议、电话、演示、电视电话会议等。语言的功能并不仅仅在于传递讯息内容的本义，它还通过声调、速度、音量、节奏等传递着与说话者相关的背景信息。因此，即便是同一条讯息内容，用词的粗俗与礼貌、声音的有力与无力、语气的坚定或犹疑、声调的高低、节奏的快慢、韵律的有无等，都会引起听话者的不同反应。

书面语言是在文字发明的基础上产生的，在不能或不便使用声音语言的场合，书面语言便成为人际传播的最常用的沟通工具。书面语言的传播

形式有公文、信件、电子邮件、报告、项目论证等。书面语言的功能也不仅仅是做文章，它同时也是自我表达的重要手段。在手写的文字中，字的大小、笔画的粗细、工整与潦草等，都在传递着与传播者的个性、素养等相关的重要信息。

（二）非语言传播

语言是自我表达的基础媒体，但不是唯一的媒体。体态、表情、眼神、身体接触以及服装、发型等，都是自我表达的重要媒体。其中，姿态（gesture）是比较有效的一种表达方式。

姿态在狭义上指手势和身体的各种活动姿势，在广义上也把面部器官活动构成的表情、神色等包括在内。行为心理学的研究证明，人的很多姿态，如打哈欠、交臂胸前或改换坐立姿势等，是为满足生理需求而进行的，有些姿态则是人的内部心理的无意识流露。但在许多情况下，姿态也是人积极地进行自我表达的重要手段。日本学者船津卫认为，在传播和自我表达活动中，体态至少有以下五种功能：一是强调语言，如讲话中配合手势，以加强语言的力量；二是补充语言，如说话说到一半，后半部分用摆手、点头等加以补充；三是代替语言，在使用语言困难或者不便说明的情况下，利用动作来传达意义；四是控制语言，体态可以利用它们所形成的情境对语言的效果加以限制和制约；五是表达超语言的意义，在许多场合，体态或动作比语言本身更具魅力，如高兴的时候开怀大笑，悲伤的时候失声痛哭，都比表述性的语言更能传达当事人的心情①。

除了以上提及的姿态以外，还存在大量其他类型的非语言，常见的非语言形式有以下几类：一是与身体相关的，比如面部表情、体态语、外表服饰、触摸、嗅觉与味觉；二是类语言（paralanguage），包括语气、音高、音频、音量和停顿等；三是与环境相关的，表现为时间、空间和人际距离。

人际传播在本质上来说是个人之间相互交换精神内容（意义）的活动，

① ［日］船津卫. 传播学入门（第一版）［M］. 东京：有斐阁，1997.

精神内容交换的质量如何，在很大程度上取决于它的媒体（符号载体）。这里的媒体也可以理解为任何能够传递信息的手段和渠道。前文讲述人际传播是一种高质量的传播活动时，提出的一个重要理由就是它的传播手段多、渠道广、方法灵活。从这个意义看，人际传播是真正意义上的多媒体传播。

四、商业传播中的人际传播

商业人际传播是指商业活动中两个人之间的传播活动。商业传播中常见的人际传播主要为推销、谈判、同事交流以及客服等。

从广义的角度讲，推销是由信息发出者运用一定的方法与技巧，通过沟通、说服、诱导与帮助等手段，使信息接收者接受发出者的建议、观点、愿望、形象等活动的总称。从狭义的角度讲，推销是指企业营销组合策略中的人员推销，即企业推销人员通过传递信息、说服等技巧与手段，确认、激活顾客需求，并用适宜的产品满足顾客需求，以实现双方利益交换的过程。从广义的角度讲，谈判是指除正式场合下的谈判外，一切协商、交涉、商量、磋商，等等，都可以看作谈判。狭义的谈判仅仅是指正式场合下的谈判。同事交流，顾名思义，即同事彼此之间对于商业活动的意见交换。客服，即客户服务。在一般的商业流程中，客户服务会分为三类，即：售前服务、售中服务、售后服务。售前服务一般是指企业在销售产品之前为顾客提供的一系列活动，如市场调查、产品设计、提供使用说明书、提供咨询服务等。售中服务则是指在产品交易过程中销售者向购买者提供的服务，如接待服务、商品包装服务等，售后服务是指凡与所销售产品有连带关系的服务。客服基本可分为人工客服和电子客服，其中人工客服又可细分为文字客服、视频客服和语音客服三类。文字客服是指主要以打字聊天的形式进行的客户服务；视频客服是指主要以语音视频的形式进行的客户服务；语音客服是指主要以移动电话的形式进行的客服服务。随着新媒体技术的发展，电子客服越来越普遍，如基于腾讯微信的迅猛发展，微信客服作为一种全新的客户服务方式，早已出现在客服市场上。微信客服依托于微信精湛的技术条件，综合了文字客服、视频客服和语音客服的全部功能，具有无可比拟的优势，因此备受市场好评。

第三节　商业群体传播

物以类聚，人以群分。人以群体的形式进行活动，是人的社会性的体现。每个人都生活在一定的群体之中，都是群体传播的参与者。

一、群体与群体传播

（一）群体的定义、特征及类型

1. 群体的定义

群体的含义是十分广泛的。日本社会学家岩原勉认为，所谓群体，是指“具有特定的共同目标和共同归属感、存在着互动关系的多个个人的集合体”①。在这个定义下，群体是个广义的概念，它不仅包括家庭、朋友、近邻街坊、娱乐伙伴等初级群体，也包括具有某种共同社会属性的间接社会集合体，如性别、年龄层、职业、阶层等；既包括联系松散、自发形成的社会群体，也包括存在着制度化的严密分工和严格纪律的职能群体，如政党、军队、团体、企业等。

2. 群体的特征

岩原勉认为，群体的本质特征有两个：一是目标取向具有共同性，是指参与群体活动的个人都是带着某种共同的目的——共同的利益、关注点、兴趣等而集合到一起的；二是具有以“我们”意识为代表的主体共同性，

① ［日］见田宗介等．社会学事典［M］．东京：弘文堂，1988.

如日常生活中经常听到的“我们消费者”“我们青年人”“我们工薪阶层”等，“我们”体现了一种主体共同性[①]。这两个特征意味着任何一个群体都具有互动机制和使共同性得到保障的机制，这种机制称为群体的组织性。

3. 群体的类型

不同学者对群体有不同的分类。美国社会学家库利根据群体在个人社会化过程中所起作用的直接和间接程度，将群体分为初级群体（primary group）和次级群体（secondary group）[②]；德国社会学家M·韦伯将群体中是否存在管理主体或机构作为分类标准，把拥有管理组织系统的群体称为“团体”（verband），其他则属于一般群体；另一位德国社会学家L·威瑟也依据组织性的强弱，将群体分成两类，一类是组织群体（organization），另一类是非组织群体。无论初级群体还是次级群体或者是组织群体，都是社会生活中较为稳定的群体[③]。在研究现实社会现象之际，我们还必须注意到另一种群体的存在，这就是由临时的集合行为（collective behavior）所产生的聚集的人群，法国社会心理学家勒朋称之为“乌合之众”（crowd）。集合行为所产生的人群，与我们通常所讲的一般社会群体或组织群体有不同的性质，需要作为一种独特的群体现象加以考察。

（二）群体传播

1. 群体传播的定义

群体的成立、生存和发展需要一些条件，其中最基础的条件有三项：（1）共同的目标和关心事项，这是群体凝聚力的核心；（2）成员之间的

① ［日］见田宗介等．社会学事典［M］．东京：弘文堂，1988.

② C·H·库利（1864—1929），美国社会学家，对传播与人的社会化问题进行了深研究，并提出了“初级群体”和“镜中我”概念。主要著作有《人类本性与社会秩序》（1902）、《社会组织》（1909）等。

③ ［美］威尔伯·施拉姆，威廉·波特．传播学概论［M］．李启，周立方译．北京：新华出版社，1984.

协作意愿，也就是个人参加群体并愿意为之做出贡献的动机；（3）群体与成员、成员与成员间的传播互动机制，即群体传播。岩原勉认为："群体传播就是将共同目标和协作意愿加以连接和实现的过程。"

群体过程形成群体意识和群体结构，而这种意识和结构一旦形成，又反过来成为群体活动的框架，对个人成员的态度和行为产生制约，以保障群体的共同性。因此，群体传播是群体生存和发展的一条基本的生命线。

2. 群体传播相关概念

（1）群体意识。

群体传播在群体意识的形成中起着重要的作用。群体意识即参加群体的成员所共有的意识，包括以下几个方面：①关于群体目标和群体规范的合意；②群体感情，这里不仅指由各成员的密切接触和协作而产生的成员间的个人感情，更指群体成员主观境界的融合（精神上的一体化）所产生的"我们"感情；③群体归属意识，即群体成员因从群体活动得到某种程度的需求满足而对群体所产生的认同感，这几个要素越具备，群体意识就越强，越欠缺则群体意识越薄弱。

（2）群体规范。

群体规范指的是成员个人在群体活动中必须遵守的规则，在广义上也包括群体价值，即群体成员关于是非好坏的判断标准。一般认为，群体规范的功能包括以下几项：①协调成员的活动、规定成员角色和职责以促进群体目标的达成；②通过规范的共有来保证群体的整体合作；③通过指示共同的行为方式以维持群体的自我同一性（identity）；④为成员个人提供安全的决策依据。

（3）群体压力。

在群体内部，传播活动经常是在"一对多"或"多对一"、"少数对多数"或"多数对少数"的场合下进行的。在这种情况下，无论是传播者还是受传者都会感受到某种程度的群体压力。所谓群体压力，即群体中的多数意见对成员中的个人意见或少数意见所产生的压力，在面临群体压力的情况下，个人和少数意见一般会对多数意见采取服从态度。

（4）趋同心理。

趋同心理，也叫作遵从性，指的是个人希望与群体中多数意见保持一致，避免因孤立而遭受群体制裁的心理。如“沉默的螺旋”的形成过程，意见一方的沉默造成另一方意见的增势，如此循环往复，便形成一方的声音越来越强大，另一方越来越沉默下去的螺旋发展过程。在很多情况下，个人被迫接受多数意见，正是出于这种担忧。

二、商业传播中的群体传播

商业群体传播是指在商业活动中两个人以上的传播。商业传播中的群体传播主要包括商业培训、产品说明会、招待会、商业演讲、商业中的流言传播等。

商业培训即是在商务往来过程中开展的有针对性的、有组织性的专业技能传递的活动和行为。产品说明会是企业通过会议讲解的形式，对客户进行现场说明，感染客户，让他们在轻松和谐的环境中主动地接受产品，并产生购买冲动的一种形式。招待会是指商业活动中娱乐或取乐性的社交集会或聚会。商业演讲是商务活动中一种带有艺术性以及较强针对性的社会实践活动，可艺术地表达出商务语言的基本思想，是商务语言的一种高级表现形式，是一种有计划、有目的、有主题、有系统的视听两方面信息的商业传播。商业演讲能够帮助商务人士捕捉经济信息，确定投资方向；能够使企业活动的奋斗目标、方针、措施向本部门职工传达；能够吸引顾客的注意力，进而促进购买消费；能够对外宣传并树立良好的企业形象和威信。商业中的流言传播即在商业活动中，群体对于某一商业事件无根据说法进行广泛传播的行为。

第四节　商业组织传播

组织是人类社会协作的群体形态之一，它与非组织群体一样，同属于社会系统的中观系统。与非组织群体不同的是，组织是一个结构秩序更为严密的社会结合体，有着更为明确的目标、制度、纪律，有着严格的分工和统一的指挥管理体系。组织传播作为组织的基本属性之一，同样体现了这些特点。

一、组织与组织传播

（一）组织的定义及特点

现代社会是高度组织化的社会，也是组织传播高度发达的社会。广义上，任何由若干不同功能的要素按照一定的原理或秩序相组合而形成的统一整体，都可以称为组织，如细胞组织、肌肉组织、人体组织等；狭义上，组织指的是“人们为实现共同目标而各自承担不同的角色分工，在统一的意志之下从事协作行为的持续性体系”。

组织都是为了实现一定的组织目标而设置或成立的，与一般社会群体的目标相比，组织目标更明确、更系统，它的实现需要严格的制度化措施的保证，这一点决定了组织具有以下结构特点：第一，专业化的部门分工。组织目标大多是复杂的系统工程，需要执行不同功能的专业化部门的协同作业，组织的部门，一般可分成决策部门、管理部门和职能部门等。第二，职务分工和岗位责任制。职务是按照组织目标的需要而设定并由成员个人承担的角色位置，通常称为岗位，职务或岗位伴随着一定的权限和责任，其内容并不因担任职务的人的变动而改变，具有固定性和形式性。第三，组织系统的阶层制或等级制。阶层制是为保障组织的统一目标、统一意志得到贯彻和实施而设立的指挥管理制度，例如，部门有上级部门、同级部门和下级部门，而职务也有上司、同僚和部下之分。

按照不同的分类标准，可以对组织进行不同的划分。按组织目标可分为共同利益组织、商业组织、服务性组织和带有商业性的福利组织；按控制的手段可分为强制性组织、功利性组织和规范性组织，等等。

（二）组织传播及功能

组织传播指的是组织所从事的信息活动，它包括两个方面，一是组织内传播，二是组织外传播，这两个方面都是组织生存和发展必不可少的保障。组织传播是人类传播的一种类型，就会有与其他类型传播相通的共性；而它又是以组织为主体的传播，这就决定了它具有与其他类型所不同的特点。美国学者凯瑟琳·米勒在《组织传播》一书中也指出："组织传播涉及两个复杂的概念的结合——组织和传播，两者都有多种多样的界定和多种视角的考察，因此很明显，没有唯一正确的定义。"①

概括来说，组织传播的总体功能就是通过信息传递将组织的各部分联结成一个有机整体，以保障组织目标的实现和组织的生存与发展，它既是保障组织内部正常运行的信息纽带，也是组织作为一个整体与外部环境保持互动的信息桥梁。从传播学的角度而言，组织本身就是一个信息系统，因为组织的任何活动都与一定的信息活动相联系。组织传播的功能可分为内部协调、指挥管理、决策应变和达成共识。

二、商业传播中的组织传播

组织传播包括两个方面：组织内传播和组织外传播。相应地，商业组织传播也分为商业组织内传播和商业组织外传播。

---

① ［美］凯瑟琳·米勒．组织传播：理论学派与传播过程（英文影印版）［M］．北京：北京大学出版社，2004.

（一）商业组织内传播

商业组织内传播特指在商业组织内部进行的传播活动。其形式有书面文字形式、会议、电话、内部媒体、内部信息系统、互联网以及社交媒体等。

一般而言，商业组织内传播的目的是多层次的。第一，通过信息传递将商务组织的各部分联结成一个有机整体，以保障商务组织目标的实现和组织的生存与发展；第二，实现信息资源共享，提供工作效率；第三，促进人际关系的和谐，增加凝聚力和竞争力；第四，激励员工的参与热情，共同达成组织目标；第五，激发员工的创新意识，提高决策的科学；第六，促进企业文化的建设与潜移默化。

组织内传播的过程，也是组织维持其内部统一、实现整体协调和整体运作的过程，这个过程的结构，取决于组织本身的结构。与组织结构包括正式结构和非正式结构两个方面相对应，组织内传播有正式传播渠道和非正式传播渠道两种。

组织内传播的正式渠道，是指信息沿着一定组织关系（部门、职务、岗位及其隶属或平等关系）环节在组织内流通的过程，其传播形式可分为两种，即横向传播和纵向传播。一般来说，横向传播双向性强，互动渠道畅通；纵向传播则有单向流动的性质，因而，根据信息的流向，纵向传播又区分为上行传播和下行传播。

1. 横向传播

横向传播是指组织内同级部门成员之间互通情况、交流信息的活动，其目的是为了相互之间的协调和配合。在横向传播中，传播双方不具有上下级隶属关系，平等的协商与联络是传播的主要形式。横向传播是否活跃，对组织具有重要的意义。如果横向渠道不畅，轻则会带来各部门、岗位之间的相互推诿、互不合作，严重影响组织的办事效率；重则会造成各部门、各成员之间各自为政，形成种种隔阂、矛盾、冲突，甚至形成独立王国，破坏组织的有机统一。

2. 纵向传播

（1）上行传播。

上行传播指的是下级部门向上级部门或部下向上司汇报情况，提出建议、愿望与要求的信息传达活动，主要包括：下级人员向上级领导的工作汇报；下级人员的意见、建议和意愿；基层员工对企业高层的反馈。

（2）下行传播。

下行传播即有关组织目标、任务、方针、政策的信息，自上而下得到传达贯彻的过程，主要包括：关于组织目的、理念以及社会贡献的信息；关于企业工作任务的下达；企业上司对下级人员工作的评价和奖惩；关于部门和岗位职责、权限和关系的规定；关于企业员工权利和义务的说明。

上行传播和下行传播是组织内传播的两个基本渠道，这两个渠道是否畅通，关系到组织的统一性和运作效率。一般而言，由于组织的层次和环节是逐级进行的，因此它们是影响这两个渠道畅通的主要因素。层次和环节过多会产生两个问题，一是信息传达速度慢，二是容易造成信息的变形和失真。因此，现代组织一般都把减少环节和层次作为疏通纵向传播渠道的主要措施。

非正式渠道，指的是制度性组织关系以外的信息传播渠道。非正式渠道中的传播主要有两种形式：一是组织内的人际传播，如组织成员工作之余的交谈、单位内外的各种私人交往等；二是非正式的小群体传播，如各种自发的革新小组、兴趣小组或联谊会中的信息交流等。

非正式渠道中的传播是一种摆脱了组织的制度性结构压力的传播活动，因此，它具有以下几个特点：（1）交流的信息广泛。其内容不仅涉及组织或工作任务本身，而且包括个人私事、兴趣、时事等广泛的自由话题。（2）交流的双向平等性。在非正式渠道的传播中，上司和部下都作为普通一员参加，没有地位高低。交流大部分都以面对面的方式进行，每个人都有机会阐述自己的观点。（3）本意交流和感情交流的成分多。

由于非正式渠道的传播具有自由性和平等性，人们更倾向于说真话，许多在正式渠道不便表明的观点和态度，都能够以某种方式表达出来；同时，非正式传播渠道中有大量充满人情味的内容，是组织成员相互沟通感情的重要纽带。

（二）商业组织外传播

商业组织外传播指的是组织从外部环境搜集和输入信息，并将信息输出到外部的信息交流活动。商业组织外传播的过程，是组织与其外部环境进行信息互动的过程，包括信息输入与信息输出两个方面。

1. 组织的信息输入活动

信息输入，是组织为进行目标管理和环境应变决策而从外部广泛收集和处理信息的活动。以现代企业为例，其信息输入渠道是多方面的，凡是与外部保持联系的部门和员工，都可比作企业组织伸出的信息触角，担负着一定的信息收集功能，报刊、广播、电视等大众传媒以及互联网络等也是重要的信息来源。

现代社会已经进入信息时代，在市场竞争激烈、环境瞬息万变的条件下，能否拥有一个迅速可靠的信息系统，是制约企业生存和发展的关键。近年来，许多先进企业意识到这一点，正在大力开发或采用将组织智能与计算机智能相结合的新型信息系统，如 DSS（决策支援系统）、MIS（战略信息系统）、PCS（销售数据系统）等。这里简单从企业组织信息收集与处理的角度介绍 POS 系统。

POS 系统是英文 point of sales 或 point of service 的简称，这个系统出现于 20 世纪 80 年代的西方发达国家，最初只是一些大型商店用来统计商品销售数据的简单系统，现在已经发展为商家和厂家联合使用的综合系统。其原理并不复杂，即在商场或超市的收款处安装具有 POS 功能的电脑终端，通过输入商品的条形码和购买者的有关资料，来把握商品销售和市场需求的变化。这个系统非常精确，它可以准确无误地提供“什么人”、“什么时候”、在“什么地方”、以“什么价格”、购买了“什么商品”、该商品是“什么品牌”以及购买了“多少”等各种宝贵的数据资料。不仅如此，POS系统还能够通过加盟店形成地区或全国网络，实现对广域市场的综合实时监控。

POS系统的价值是多方面的。首先，它提供的是准确的实际数据，其可信性远远高于概率性的问卷调查或市场评估的结果。其次，它提供的是最新数据和实时信息，最能反映市场的现况及其变化，商家可以据此进行科学的商品管理和顾客管理，对滞销或畅销商品随时做出调整，减少因进货判断失误造成的损失；厂家也可以据此来把握市场动向和消费者需求的变化，及时调整产品计划，降低生产的盲目性。不仅如此，POS数据还有更多的用途，如产品定位或产品周期分析以及流行趋势分析等。

2. 组织的信息输出活动

组织的信息输出活动也是多方面的。从广义上来说，组织任何与外部有关的活动及其结果都带有信息输出的性质。这里重点介绍组织体有目的、有计划地开展的信息输出活动，即组织的宣传活动。就现代组织而言，这种宣传活动大致可分为三种类型：公关宣传、广告宣传和企业标识系统（CIS）宣传。在这里主要介绍一下企业标识系统。

企业标识系统是英语Corporate Identity System的对译词，简称CIS，有时也译为“企业表征系统”。CIS活动指的是企业组织使用统一的象征符号系统来塑造、保持或更新企业形象的活动，所采用的象征符号一般为具有特色的视觉图案（包括社名、社色等），它可以印制在社旗、社徽、制服、办公用具和各类产品及其包装上，以保持企业的视觉形象统一。社歌则是一种听觉标识。一般来说，一家企业经营的范围越广、提供的商品或服务种类越多，越有建立统一标识系统的必要；而一家企业如果要改变经营内容或改换企业形象，也可以通过改变标识系统达到宣传的目的。

企业标识系统一般由企业理念与价值标识、行为规范标识、视觉或听觉形象标识三个要素构成。CIS 活动是组织内传播和组织外传播的统一。一方面，创建企业标识系统需要经过企业内部人员的广泛参与和讨论，围绕它的三个要素达成普遍的共识和合意；另一方面，需要向外界大力宣传这些标识，使之得到社会的认知和理解。CIS 宣传，主要是利用普遍接触和重复记忆机制来系统塑造企业形象的宣传活动，其效果非常显著。在现代社会里，除了企业以外，其他机构、团体等社会组织也都普遍开展了 CIS 宣传活动。

3. 商业组织外传播形式

常见的商业组织外传播形式有企业新闻事件、媒体广告、商业活动、品牌营销、公关管理、客户管理等。其中，公关管理是对组织与社会公众之间传播沟通的目标、资源、对象、手段、过程和效果等基本要素的管理。这种管理同样包括一般管理的基本环节，也就是对组织的公众传播沟通活动进行决策、计划、组织、指挥、控制、协调和监督等。而客服管理是指企业利用相应的信息技术以及互联网技术来协调企业与顾客间在销售、营销和服务上的交互，从而提升其管理方式，向客户提供创新式的个性化的客户交互和服务的过程。其最终目标是吸引新客户、保留老客户以及将已有客户转为忠实客户。

第五节　商业大众传播

在现代社会里，大众传播是人们获得外界信息的主要渠道，是实现国家和社会目标的重要手段，是社会上各利益集团争取和维护自身利益的工具，又是社会文化和娱乐的提供者。大众传播的影响之普遍、作用之强大，使得它成为现代社会中最重要的信息系统。

一、大众传播

（一）大众传播的定义及特征

所谓大众传播，是指由专业化的媒介组织运用先进的传播技术和产业化手段，以社会上一般大众为对象而进行的大规模的信息生产和传播活动。具体而言，它是现代印刷和广播、电视等影像和音声媒介组织运用法人资金、借助高科技和产业化手段，在国家调控的范围内向未知的受众提供信息和娱乐产品的实践活动。从以上定义出发，与其他类型的传播活动相比，大众传播具有以下几个特点：

第一，大众传播中的传播者是从事信息生产和传播的专业化媒介组织，包括报社、出版社、广播台、电视台，以新闻、娱乐、休闲、广告等各种信息内容服务为主业的互联网门户网站，以及以大量发行为目的的各种音乐影像制作公司和网络出版公司。

第二，大众传播是运用先进的传播技术和产业化手段大量生产、复制和传播信息的活动。大众传播的出现和发展，离不开印刷技术以及电子传播技术的进步。

第三，大众传播的对象是社会上的一般大众，用传播学术语来说即“受众”。受众是一个模糊的集合概念，它并不特指社会的某个阶层或群体，而是指社会上所有的“一般人”；任何人无论其性别、年龄、社会地位、职业、文化层次如何，只要他接触大众传播的信息，便是受众的一员。受众的广泛性，意味着大众传播是以满足社会上大多数人的信息需求为目的的大面积传播活动，也意味着它具有跨阶层、跨群体的广泛社会影响。

第四，大众传播的信息既具有商品属性，又具有文化属性。大众传播作为生产信息产品的产业，其产品价值是通过市场得到实现的，人们无论从印刷媒介还是从电子媒介获得信息，都要支付一定的费用，说明大众传播的信息产品本身就是一种商品。但是另一方面，信息产品又与满足人的生理需求的一般物质产品不同，人们对它的消费主要是精神内容即意义的消费。

第五，从传播过程的性质来看，大众传播特别是以报刊、广播、电视为代表的传统大众传播，属于单向性很强的传播活动。大众传播的单向性主要表现在两个方面：一是传媒组织单方面提供信息，受众只能在提供的范围内进行选择和接触，具有一定的被动性；二是没有灵活有效的反馈渠道，受众对媒介组织的活动缺乏直接的反作用能力。

第六，大众传播是一种制度化的社会传播。这个特点是由以上五个特点所决定的。换言之，由于大众传播是从事信息的大量生产和大量传播的信息产业，它的内容与社会观念、价值和行为规范具有直接关系，以及传播过程的特殊性赋予它巨大的社会影响力，无论哪个国家都会把它纳入社会制度的轨道。

新媒介环境中大众传播呈现出了一些新的特点，如以前截然分开的印刷和广播技术出现了融合；媒介由“稀有资源”转为“丰富资源”，大众也可以实时地接触媒介；从大众化的广播转向对群体或个人需求量身定做的“窄播”；从单向传输变为具有互动性的传播活动。

（二）大众传播的功能

在传播学的不断发展过程中，形成了四个关于大众传播功能的主要学说：一是拉斯韦尔的“三功能说”，拉斯韦尔认为，大众传播有环境监视、社会协调和文化传承的功能；二是赖特的“四功能说”，根据其观点，大众传播的功能有环境监视功能、解释与规定功能、社会化功能和提供娱乐功能；三是施拉姆关于大众传播功能的学说，他将大众传播的功能分为政治功能、经济功能和一般社会功能。他明确地提出了传播的经济功能，他认为大众传播本身就是知识产业的重要组成部分，在整个社会经济中占有重要的地位；四是拉扎斯菲尔德和默顿的功能观，根据他们的观点，大众传播具有社会地位的赋予、社会规范强制、由表层信息和通俗娱乐的大量提供所产生的精神麻痹功能。

二、商业传播中的大众传播

商业大众传播包括传媒组织自身进行的大众传播、商业组织作为主角的大众传播和企业危机与大众传播策略。其中，传媒组织自身进行的大众传播较为常见，我们将不进行具体介绍。下面将对商业组织作为主角的大众传播以及企业危机与大众传播策略进行简要的介绍。

（一）商业组织作为主角的大众传播

在大众传播中，商业组织作为主角通常体现在经济新闻报道之中。所谓经济新闻，是指一般以商业组织为主体内容的新闻，可以向大众传播当前的经济形势、商业组织的发展概况等信息。此外，企业报道是作为商业组织的企业自身主动发起、策划的针对企业的产品、服务和形象所进行的新闻报道，传播对象也是广大受众。

（二）企业危机与大众传播策略

危机是一种特殊情况，也是一种突发性事件，是由不平衡和混乱状态引发的。企业危机也叫企业经营活动中的突发性事件，它是指严重威胁公众生命和财产安全的、并产生严重社会影响的重大事故，这些事故和影响直接关系到企业的生存和发展。

企业危机实际上是企业发展过程中因为若干方面的矛盾激化而导致的一种非常规的状态，和困难、灾难性事件不完全等同。企业危机是企业中已出现或潜在的危及企业生存与发展的因素，需要对自身进行有效的变革才能克服的非常规状态。

企业在处理危机时，危机公关至关重要。所谓危机公关，是指企业遇到危机事件时，利用公关手段来处理危机，解决问题。企业进行危机公关时，通常会对不同的方面采取相应的对策，常见的对策有组织内部对策、受害者对策、新闻媒介对策、上级领导部门对策、客户对策、消费者对策、消费团体对策、社区居民对策等。

其中，在新闻媒介对策上，企业一般会采取以下行动进行危机公关：第一，向新闻界公布危机事件，公布时如何措辞，采用什么形式，有关信息怎样有计划地披露等，应事先达成共识。针对新闻媒体公布企业需要通过权威媒体渠道发布企业最新的信息，知名企业新闻策划转播机构通常的处理流程是第一时间通过“新闻”的方式，多角度多层次地为企业、产品或人物进行正面宣传，吸引公众的注意，澄清企业信任危机，消除公关危机对企业形象的影响。第二，成立记者接待机构，专人负责发布消息，集中处理与事件有关的新闻采访，向记者提供权威的资料。第三，谨慎传播，在事情未完全明了之前，不要对事故的原因、损失以及其他方面的任何可能性进行推测性的报道，不轻易地表示赞成或反对的态度。对新闻界表示出合作、主动和自信的态度，不可采取隐瞒、搪塞、对抗的态度。对确实不便发表的消息，亦不要简单地“无可奉告”，而应说明理由，求得记者的同情和理解。第四，注意以公众的立场和观点来进行报道，不断向公众提供他们所关心的消息。当记者发表了不符合事实真相的报道时，应尽快向该报刊提出更正要求并指明失实的地方，同时，向该刊提供全部与事实有关的资料，派重要发言人接受采访，表明立场，要求公平处理。

此外，商业大众传播还有一些其他形式，包括广告宣传、企业的社会化媒体营销和整合营销传播下的商业传播。广告宣传指企业通过广告向社会传达企业的产品和服务等信息；企业的社会化营销是目前比较时兴的传播方式，企业利用社会化媒体与受众进行互动和沟通，向受众传达信息，塑造企业形象；整合营销传播下的商业传播，是指将与企业进行市场营销有关的一切传播活动一元化的过程，企业一方面把广告、促销、公关、直销、CI、包装、新闻媒体等一切传播活动都涵盖于营销活动的范围之内，另一方面企业能够将统一的传播资讯传达给顾客。

（三）商业大众传播的特性

在商业大众传播中，传播者的利润与内容、受众、广告三者密切相关。优质的内容会吸引受众，受众规模扩大后广告商才会投放广告，大众传播媒介也就因此有了盈利渠道，从而有条件可以生产出更好的内容。

商业大众传播有三种主要商业模式。其一是内容产品商业模式，通过发行和副产品开发赢利，即销售内容产品。如《读者》、《新华文摘》和付费电视频道属于内容产品商业模式。其二是广告产品商业模式，媒体主要依靠广告收入盈利。今天几乎 90% 的报纸和杂志，近 100% 的电视台都依靠广告收入维持生存和发展。其三，渠道产品商业模式，媒体通过作为展示和销售产品的平台和渠道盈利，“电视购物”栏目及电视购物频道为此模式的典型代表。与商业大众传播有关的几个概念主要有：

1. 规模经济

传媒产业具有规模经济的特性，所谓规模经济（Economies of Scale）是指当每多生产一个单位产品的成本随着生产规模的扩大而降低，边际成本低于平均成本的经济现象，即随着生产规模的扩大，平均成本下降，利润上升的现象。

2. 公共商品

传媒产品具有公共商品的属性，传媒的内容不会在消费过程中被耗尽或毁坏，个体对传媒内容的消费不会影响他人的同时消费，传媒产品初始成本会很高，边际成本却很低，接近于零，又称“版权产业”。

3. 范围经济

传媒产业也有范围经济的特性，而所谓范围经济（Economies of Scope），是指如果同一厂商生产两种（或更多）产品的总成本低于在两个（或更多）不相关厂商分别进行生产的成本之和的时候，就存在着范围经济。例如，电影除了在影院里放映，还可以制成录像带或DVD，用于租赁或销售，也可以在电视中播放以获得点播费用或广告收入，还可以继续开发成游戏、图书、玩具和T恤等其他物质类的衍生品。

4. 媒体窗口

媒体窗口（Media Windows）是指同一媒体产品可能出现的不同衍生形态及其各自对应的销售渠道。媒体窗口最能体现和挖掘媒体产品的销售与其他物质产品销售的不同之处，是对媒体产品隐藏的市场价值和品牌价值的延伸开发。例如，电影产品在不同渠道销售时采取价格歧视政策，按照顺序依次进入电影院、付费电视频道、免费电视频道、影碟出售和出租市场、网络平台等窗口，实现多次售卖，从国内市场到国外市场，最后销售到国际市场。

☞案例——霍桑实验

霍桑实验是1924—1932年期间，以哈佛大学教授G.E.梅奥为首的一批学者在美国芝加哥西方电气公司所属霍桑工厂进行的一系列实验的总称。

研究者预先设想，在一定范围内，生产效率会随照明强度的增加而增加，但实验结果表明，不论增加或减少照明强度都可以提高效率。随后，研究者又试验不同的工资报酬、福利条件、工作与休息的时间比率等对生产效率的影响，也没有发现预期的效果。发现在不同福利条件下，工人始终保持了高产量。在此基础上，梅奥等又对厂内2100名职工进行了访谈，让职工自由抒发意见，也造成职工的士气高涨，产量大幅度上升。

霍桑实验第一次把工业中的人际关系问题提到首要地位，并且提醒人们在处理管理问题时要注意人的因素，这对管理心理学的形成具有很大的促进作用。梅奥根据霍桑实验，提出了人际关系学说。这一学说为西方管理科学和管理工作指出了新的方向。

案例二——分答的“轮型”人际传播模型①②

一、案例介绍

知识的有偿分享或者知识付费现象在2016年经由“值乎”“在行”“分答”等产品的尝试而备受学界及业界关注，甚至有不少媒体称2016年为“知识付费元年”，而备受瞩目的付费语音问答产品“分答”则成为2016年上半年唯一的“现象级”和“生态级”的产品——5月份上线的产品在42天后完成A轮2500万美元融资，并被估值超一亿美元。该平台于2016年5月15日下午推出，用户在可以自我介绍或描述擅长的领域，设置付费问答的价格，其他用户感兴趣就可以付费向其提问，对方用60秒的时长来回答。问答环节结束后，“游客”若感兴趣，可以支付一元钱“偷听”，所付的钱将由提问者和回答者平分。“分答”以知识付费问答为形态，通过基于特定问题的“提问者－回答者－偷听者”关系，以及回答者收费、提问者付费、偷听者支付少量费用的方式各自付出、各自获利，平台运营方将从回答者和提问者的收益中获得5%的抽成，一种全新的知识传播方式由此而生。首先，答主和提问者、答主和偷听者之间基于擅长领域和问题分别建立起“一对一”和“一对多”的知识传播路径，实现了知识的扩散。其次，这种模式实现了平台、用户的多方共赢，平台获得抽成，答主获得回答和“偷听”收益，提问者获得答案和“偷听”收益，“偷听”者以极低的成本获得了感兴趣的答案。

分答与维基百科在知识生产上有很多不同之处：第一，维基百科的词条均由用户无偿奉献自己的专业知识和闲暇时间，并且

① 孙祥飞.2017新闻传播学热点问题80讲［M］.北京：人民日报出版社，2016：344-350.

② 孟建，孙祥飞.数字知识传播：创造、生产、消费、边界——关于互联网时代认知盈余与知识变现问题的学术思考［J］.新闻爱好者，2017（05）：21-24.

同感兴趣的编辑者共同参与协商、讨论来完成知识的生产；而在分答这一平台中，分享知识的不再是主体之间，也不再有共同的协作，而是由提问者和答主共同完成一项简单的知识加工任务：由提问者提出问题，由“答主”来贡献答案，问题和答案共同组合成一项相对完整的知识。第二，分答用户关于知识的分享已经不再是无偿的行为，其根本的动机已经不再是“分享即为回报”的简单逻辑，而变成了有偿，一旦由免费走向有偿，不管是平台、提问者还是答主都在试图想尽一切办法增加人气，尽可能地增加收入。第三，分答中的知识生产不再是一种可以面向所有互联网用户的撒播，它更像是一种有针对性的窄播，内容也比百度知道、知乎等开放性的平台更加精准，可以满足不同用户对特定知识的需求。

二、案例分析

分答是一种新型的信息分享平台，其根源在于粉丝经济。（1）明星和名人期待与用户互动，拉近与普通用户的距离；（2）粉丝期待与明星近距离接触，获得某种期待和满足，这可以用使用与满足理论解释（满足社交幻想）；（3）提问者、回答者和偷听者均能获益，实现多方共赢，可以用媒介经济学来解释，即“知识”作为产品在交易中获得各方的满足；（4）这种传播具有一种仪式感，形式大于内容，即60秒钟不可能分享非常有价值的信息；（5）分答能够快速发展，体现的是人际传播的胜利，也是粉丝经济的胜利，所以也不可避免地带来问题：知识的碎片化和过度的娱乐化。

从传播模式看，分答进行的是“轮型”的人际传播。分答是一种以提问者为主导、以互联网为媒介的间接的人际传播。这个传播过程与普通人际传播相比，有两个鲜明的特点：第一，人际传播一直被视为一种最具有多媒体性质的传播，并且可以即时反馈、双向互动，及时修正信息等；但在分答中，由于一问一答外加补充提问和补充回答，最多仅能形成两条回路，加之这种问答不能借助丰富的多媒体材料，所以它是人际传播，但不具备完整的人际传播所具有的属性。第二，偷听者的介入并不能改变人际传播的性质，在网络化的人际传播中，常见的有四种类型，即链形，如从A到B再到C；环形，即从A到B到C再到A；Y形，即从A到B，但B将信息分别传给C和D；最后一个是轮形，即就像一个“十”字一样，信息位于中间，但不同的人都会偷听，分答即属于这种传播模式（图2-2）。

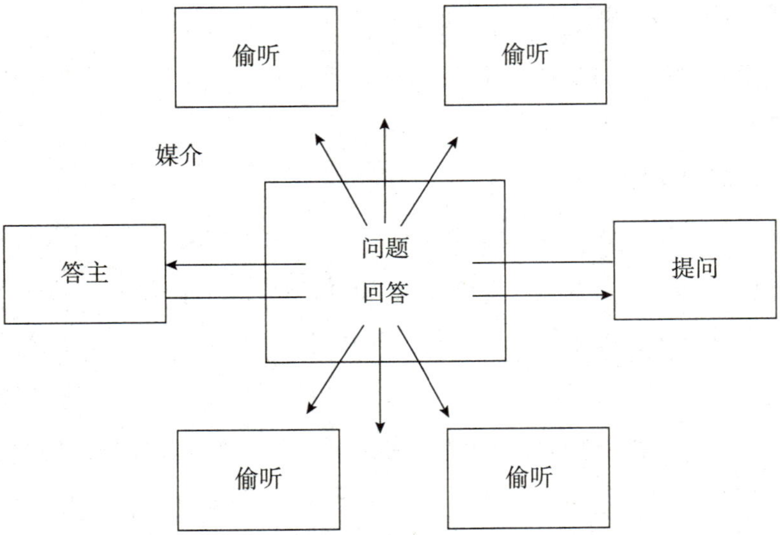

图2–2　分答的传播模式图

现对分答的传播模式图解释如下：（1）该模式包括了传播者、媒介、信息、受众与反馈所有要素，其中答主和提问者互为传播者与受众，偷听者属于受众；（2）分答首先在答主和提问者之间形成了一个典型的人际传播，通过文字提问和语言回答来实现双向的交流；（3）偷听者一旦介入传播过程，听的过程是一个单向性特别强的行为，其互动过程仅通过付费和“点赞”来完成；（4）该模式适合大多数公开的提问，不包括私密提问（即对话仅在答主和提问者之间发生，其他人无法“偷听”）。

分答的营利模式在本质上是粉丝经济或粉丝变现。“粉丝经济”泛指“架构在粉丝和被关注者关系之上的经营性创收行为”，被关注者多为明星、偶像和行业名人等，主要表现在：（1）消费“大V”的影响力：答主靠自己的名气和吸引力来获得提问者的付费提问和旁观者的付费偷听，从而实现将粉丝变现的目的；（2）提供通过设计有趣味性和吸引力的问题来吸引偷听者的付费偷听，实际上也是靠答主的知名度和吸引力变现；（3）分答平台通过赚取提成（答主和提问者收益的5%）的方式来获得收益；（4）在分答上能赚钱（付出与回报成正比）的往往是那些“超级网红”和特别善于提问的人，大部分的中间阶层更注重的是这款新产品的信息传播形态。

第三章　新闻传播与商业社会

第一节　新闻传播与社会发展[①]

人类社会发展导致社会结构复杂性上升、社会分工加剧，社会日益分化成功能各异的不同部分，但各个部分之间并不是互相分离的，它们彼此间相互依赖，再通过协调、整合组成社会系统。作为社会的一个子系统，媒介也不是孤立存在的，是社会的有机组成部分，它的存在与发展和其他子系统（诸如政治、经济、文化等）也存在着密切的关系，这种关系的总和即是媒介的生态环境（图 3–1），它构成了媒介和社会系统之间的关系。

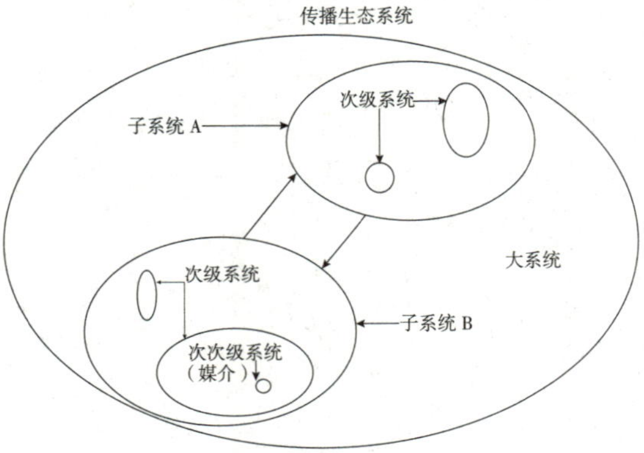

图 3–1　大众传媒与社会的关系

① 李良荣．新闻学概论（第五版）［M］．上海：复旦大学出版社，2013.

一、媒介生态环境对媒介的决定作用

以社会系统论来看，如果离开与其他社会系统的互动，就不可能对媒介有完整而透彻的理解。因此，从媒介的生态环境出发，媒介研究才能更加丰富和深化。从新闻媒介产生和发展的历史来看，媒介生态环境对媒介发展的意义主要表现在以下三方面：

第一，媒介生态环境决定媒介制度。当今世界各国基本都建立了自己的媒介体系，但各个国家的媒介制度却不尽相同，有的甚至相去甚远，这主要与一个国家媒介所处的社会条件密切相关。如西方资本主义国家多实行私有制，而社会主义国家则较多采用公有制，与此相适应，西方资本主义国家媒介多为私有，社会主义国家媒介则多为国有；又比如，在许多发展中国家由于经济相对落后，政府强调包括媒介在内的机构加强其在发展中的作用，因此虽然其社会制度不同，但发展中国家的媒介多属国有，这样政府对媒介才有较强的调控能力，因此，尽管媒介发展有自身的内在规律，但一个国家或地区的媒介制度在很大程度上受制于媒介所处的社会环境。

第二，媒介生态环境决定媒介发展水平。媒介是一种特殊的社会事业，它的发展依赖许多综合因素：如首先需要教育水平的发展，无论是最早的报刊，还是今天的互联网，其发展都需要受众具有起码的教育水平；在观念方面，大众具有民主、自由与平等的观念，是媒介规范运作的前提保证；而在物质和技术方面，经济发展水平直接制约了媒介的整体规模与媒介产品的质量，尤其是电子媒介，技术手段有时可以起到最关键的作用。综观世界，一个国家或地区的整体媒介发展水平均与社会发展水平相适应，几乎无一例外。文明程度高、民主制度健全、经济发达、综合国力强的国家和地区，媒介的整体发展水平必然较高。

第三，媒介生态环境决定媒介的行业规范、职业理念和运作方式。媒介作为大众传播工具，它的理念与规范在很大程度上是共通的，如真实性原则与客观性原则。但处在不同社会环境中的媒介，在基本规范、理念及运作方面也存在相当大的差异，这又与媒介所处的社会密切相关，如在对新闻价值的认知上，发展中国家与发达国家之间就存在很大差别。发展中国家的媒介多以维护社会秩序、促进国家发展为己任，因此认为“好新闻”具有较大的新闻价值，报道多以正面肯定为主；而发达国家认为舆论监督是媒介重要职能，由此报道多反映社会冲突与变化，“坏新闻”的新闻价值就被凸显出来了。需要指出的是，媒介并非总是被动地受制于环境，它同时对环境产生一定的反作用力。

二、媒介在社会系统中的作用

媒介作为新闻传播工具，属于社会信息系统，这是媒介系统在总系统中的基本定位。它的主要功能是收集信息、处理信息和传播信息。媒介系统在社会系统中的作用主要表现在以下几方面：

（1）开发和利用社会信息资源。这是媒介在社会总系统中的基本作用，媒介的主要功能是新闻信息的开发和利用，主要体现在收集信息、制作信息和发布信息。媒介对信息开发和利用的宗旨就是充分满足社会大众的信息需求，媒介的一切运作都应该以此为出发点，因此，传播信息是媒介最基本的职能，媒介的其他功能都是在此基础上派生的。这是媒介系统在总系统中的立足之本，也决定了媒介与其他子系统互动的关系与方式。

（2）实现社会系统总目标。媒介系统是现存社会制度的一部分，它的根本出发点是维护既有社会秩序的，这实际上是媒介系统存在的一个前提条件。任何一种社会制度都会有意识地采用各种方式将媒介系统纳入自身的体系之中。当然，在某些非常时期，媒介可能包含反抗现存社会制度的因素。

（3）实现个人的社会化。每个人从生物个体成长为一个社会成员，参与社会生活，必须学习、了解以往社会积累中的经验、知识、技能、规范等，适应不同时期社会的变化，发展自己的社会性，即实现个人的社会化。

媒介在个人社会化的作用主要体现在理解、导向和娱乐作用上。

（4）促进社会整合。根据社会有机论的观点，社会机体各个组成部分是相互关联的，在其保持平衡状态时，社会呈现出一种平衡状态，社会秩序得以维持。但社会并不是总能保持这种状态，各个部分之间可能会出现冲突，社会必须通过某些中介机构将社会各个部分联系在一起，协调它们之间的利益关系，使得它们在同一社会系统之中共处，以维持社会系统的现行模式。

在现代社会，大众传媒就是促进社会整合的重要力量，大众传媒整合作用主要表现在提供全社会共享的价值观念和协调社会各个利益集团以求平衡这两个方面，尤其在我国，大众媒介是弘扬正确价值观、传播正能量的社会公器。

三、媒介与社会发展的关系

总之，大众媒介与社会发展之间具有密切的关系，二者的发展是相辅相成、双向互动的过程，首先社会进步也为媒介发展提供动力，具体而言社会关系对媒介的影响表现为四方面：一是社会关系升级，刺激并产生了新的媒介需求；二是社会分工的进一步明确与细化，带来媒介的多样化发展；三是社会发展的复杂化程度上升，拓展了媒介功能；四是城镇化和工业化的基础条件优化，如移动网络基站建设等，为媒介发展提供条件。

与之相对应，媒介对社会的发展具有重要的影响。首先，大众媒介是搭建社会关系的桥梁，尤其随着网络与新媒体技术的发展，社会和个人越来越多地依赖媒介来构建关系网络。其次，媒介是社会关系变革的动力。例如，互联网的出现改变了人们参与社会生活的方式和力度，人们越来越多地在网上发出自己的观念和声音，社交媒体上的“Twitter 大选”等事件都体现了媒介的力量，美国总统特朗普也因借助 Twitter 参加竞选并当选为总统，后经常在 Twitter 上发布重要新闻被称为“Twitter 总统”。最后，媒介变革带来社会关系变革，媒介即信息，媒介成为社会最重要的信息来源之一。

第二节 传媒产业与宏观经济的关系研究[①]

大众媒介产业与宏观经济具有较高程度的相关关系。通过1961—1993年韩国媒介消费与宏观经济变迁、1979—2011年中国历年广告及占GDP比、1982—2013年中国广告社会消费品零售总额和GDP增长率等几个案例图表对比分析，发现大众媒介与宏观经济的关系可总结为以下几个方面：第一，宏观经济指标对广告额的影响要大于后者对前者的影响；第二，广告业与GDP、社会消费品零售总额变化表现出高度一致性；第三，GDP、经济开放度显著正向影响广告，恩格尔系数和失业率则反向影响广告额。

那么，大众传媒与宏观经济的关系研究的逻辑框架是什么？它有什么优点和缺陷？在新的经济环境下，这种关系又发生了怎样的变化？

一、媒介产业与宏观经济关系最初研究框架：相对常数

相对常数原理主要是研究传媒产业与宏观经济之间的关系，提供了解释媒体产业市场状况的一种解释方法，用于分析和预测传媒市场规模，分析不同媒体之间、新生媒体与现存媒体之间、媒体产业与非媒体产业之间的竞争关系。

（一）相对常数理论的提出

虽然关于大众媒介和宏观经济的关系的研究有100多年的历史了，但是直到1972年，关于媒介消费和宏观经济的关系相对常数原则（the Principle of Relative Constancy，PRC）才由美国传播学者Maxwell E. McCombs在其专

① 苏林森. 媒介消费与宏观经济的关系研究［M］. 北京：中国人民大学出版社，2012.

著《市场中的大众媒介》（*Mass Media in the Marketplace*）中系统提出。在这项开创性的工作中，McCombs 分析了美国 1929—1968 年共 40 年的媒介消费（包括消费者媒介支出和广告商广告支出）和宏观经济数据，研究发现，在控制了通货膨胀、家庭户数等以后，时间变量和媒介支出（包括总支出和消费者支出）的相关系数接近于零，趋于稳定。同时该研究发现，以当期价格计算，40 年间受众的媒介支出占其总消费支出的比重平均为 3.04%，标准差为 0.19%，媒介总消费（包括消费者和广告商支出）占总收入的平均比重为 5.24%，标准差为 0.71%。

由此，作者提出了下列两个规律：一是消费者和广告商的媒介支出（消费）水平是由国家的宏观经济水平决定的，宏观经济水平的任何变化都将会导致媒介支出（消费）相应的变化；第二个结论是不同的媒介支出（消费）呈现此消彼长的"零和博弈"的关系。第一个结论就是常数假设（Constancy Hypothesis），其和第二个结论功能均等假设（Functional Equivalence Assumption）在一起并称为相对常数原则（图 3-2）。相对常数原则的系列研究中所提出的诸如时间天花板、稀缺性、恩格尔法则、预算线、无差异曲线和媒介产品的收入弹性等理论模型和分析工具，使人们对于大众媒介和宏观经济关系的把握越来越深入，越来越具有现实的解释力和预测力。

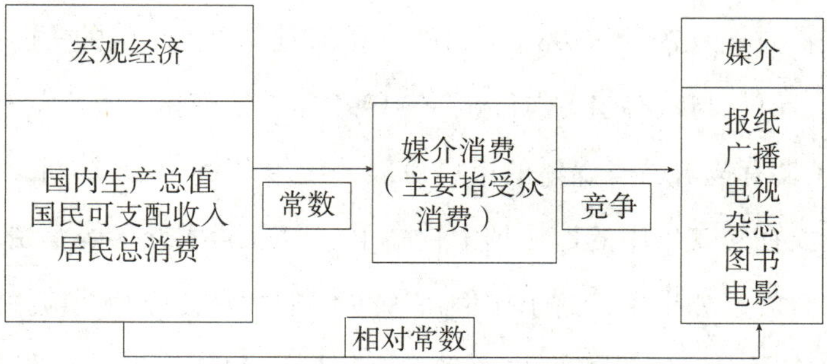

图 3-2　相对常数原理最初研究框架

相对常数原理的核心内涵是指媒介消费支出的变化取决于宏观经济水平的变化，其中包含着两层关系：传媒产业与宏观经济的关系；同一市场上不同媒体之间的关系。首先，宏观经济状况决定了传媒产业的市场空间，传媒消费支出在经济总量中占一个相对固定的比例，即消费者和广告主的媒介消费支出水平取决于宏观经济状况，宏观经济情况的变化会导致媒体消费的相应变化：经济发展，媒介消费支出增加；经济萎缩，媒介消费支出减少。其次，在第一层关系成立的前提下，不同媒体之间则呈现此消彼长的零和竞争关系。

（二）相对常数原理的发展

麦库姆斯提出相对常数原理之后，类似的实证研究大量出现，并得出不同的结果，例如罗宾逊（Robinson）和杰斐斯（Jeffres）研究了从1965年到1975年的数据，发现媒介消费支出占GNP的比重从2.7%上升到3.2%，休闲娱乐支出占GNP的比重从6.0%上升到6.8%，变动幅度比较大，与相对常数原理有所抵触。麦库姆斯和艾尔（Eyal）对1968年到1977年间的数据进行实证分析，发现在控制通货膨胀、经济增长、人口增长等因素的情况下，媒介消费出现负增长趋势，考虑到这一时期市场的实际状况，媒介消费出现这种下降趋势。

经济学者伍德（Wood）等最先质疑了相对常数的正确性，他们发现相对常数在长时期（1929—1981年间）成立，但在两个年代的短时间里是偏离常数的，伍德与欧赫尔（OHare）在1991年的研究指出，新的视听技术，比如VCR没有抢占已有媒体的市场份额，1979年到1988年间，消费者媒介消费支出在总支出中的比例越来越高了。1979年大众传媒消费占收入的比例为2.57%，如果保持这个比例，1988年的大众传媒消费应该为894亿美元，但实际上该年份的媒体消费支出总量为1138亿美元。结论认为，媒体消费在消费结构中占的比重不再是常数，新的传播技术改变了消费支出结构，消费者愿意把更多的收入用于媒介消费（图3-3）。

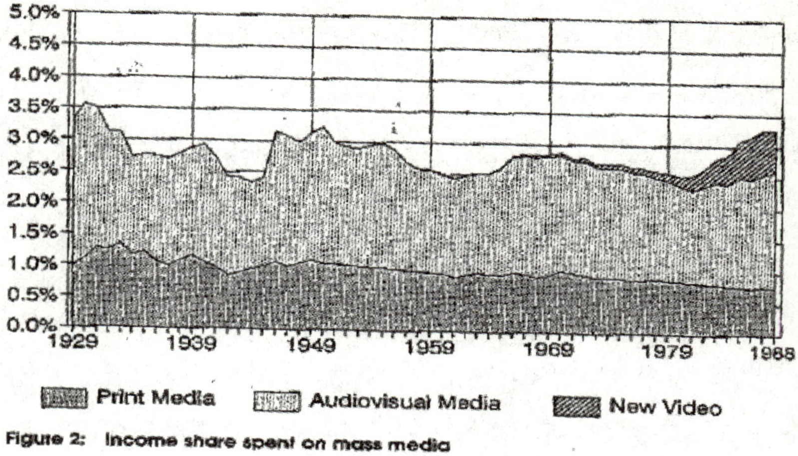

图 3–3　1929—1988 年美国媒介消费占收入百分比

针对实证研究结果各异和新技术导致传媒消费大幅度提升的问题，研究者对相对常数原理进行了补充和完善，主要体现在两个方面：分解常数的经济学意义；区分传媒产业与宏观经济关系的长期趋势与新媒体出现所影响的短期趋势。

首先是对于常数的经济学意义的细分，伍德 1986 年提出了两个回归方程，时间趋势常数模型（time–trend constancy model）和收入份额常数模型（income–share constancy model），将常数分解为两类，一方面，以媒介消费在可支配收入中所占的比例为常数；另一方面，以媒介消费随时间的变化趋势为常数。这两种模型，是相对常数原理的一次重要完善，常数被赋予两种内涵，使相对常数原理的研究思路更加广泛，也在很大程度上解决了之前的很多研究结果不一致的问题，增强了相对常数原理的解释力和说服力。

其次是对不同时间段内传媒产业与宏观经济的关系表现出不同特征的区分，这也是建立在两种模型的基础上的内容改进。进行这方面研究主要学者是麦库姆斯、桑（Son）。二人在 1993 年合著的论文中使用两种模型分别检验了受众媒介消费的长期趋势和新媒体出现后特定时期的趋势。区分长期趋势和短期特征，是对相对常数原理的又一次完善，解释了新技术对媒介市场的改变，认为新传播技术的出现的确提升了受众媒介消费支出，但是从长期来看，在收入份额的意义上，相对常数原理依然成立。

二、相对常数原理框架的突破

针对相对常数原理解释力不强的问题，很多研究者提出了其他的解释变量，相对常数原理所重视的研究传媒产业与宏观经济状况，尤其是与收入状况关系的框架逐渐被突破。

德莫斯（Demers）通过实证研究证明，传媒产业在社会系统中存在，受到各方面因素的影响。他用时间序列数据分析了传媒产业的广告收入。德莫斯根据起伏变化的趋势提出，影响媒介市场的因素除了宏观经济的增长外，还有市场、政治环境、技术条件等。如政治方面，战争期间，原本用以广告投放和媒介消费的资金可能会被挪到其他更需要投资的地方；技术方面，新技术刚在市场上推出的时候，其价格往往很昂贵，导致媒介消费支出的增加，当更多竞争者进入这个领域的时候，媒介价格就会很快降低，媒介消费的总支出也会相应降低。

杜彭（Dupagne）通过建立新的消费支出模型，更具体地提出了影响传媒产业市场规模的变量。他使用 1953 年到 1991 年间比利时的媒介消费支出数据，建立了两个模型：模型一是价格、人口、失业率和利率等因素与媒介消费的现时相关模型；模型二是这些因素与消费者媒介消费支出的延滞相关模型。模型一的回归分析表明，价格和人口比收入状况更多反映传媒消费支出的变动情况；模型二回归结果显示，延滞变量在解释媒介消费支出的变化方面也有重要作用，在预测未来的媒介消费规模时，使用延滞变量进行预测非常重要。

这种研究是对相对常数原理框架的一个突破，这种突破显然得到了麦库姆斯的认可，杜彭在他论文的结尾向麦库姆斯为他提出的修改意见致谢。

第三节　新闻报道与商业发展

一、经济新闻的定义及其产生

（一）经济新闻的定义

经济新闻的定义众说纷纭，常见如下几种：第一，经济新闻是对新近发生的经济事实的报道；第二，经济新闻是关于社会生产方式新近发生的事实的报道，是反映、服务和引导社会经济活动和人民群众经济生活的新闻；第三，经济新闻是各种媒体所报道经济活动中发生具有一定价值的事实的信息；第四，经济新闻是关于人们如何进行经济选择和经济决策的报道；第五，经济新闻是报道人类一切经济活动的新闻，或以经济活动为主要内容的新闻。经济活动包括经济建设、经济改革、经济生活等。

概括而言，经济新闻的定义有广义和狭义之分。广义的经济新闻是指一切人类经济活动的新闻，或以经济活动为主要内容的新闻。经济活动包括经济建设、经济改革、经济生活等。狭义的经济新闻是指关于社会生产方式新近发生的事实的报道，是反映、服务和引导社会经济活动和人民群众经济生活的新闻。

（二）经济新闻的产生

经济新闻形成于 16 至 17 世纪，1588 年法兰克福举办博览会，《博览会编年表》直接表现出了新闻的重大功能——为社会经济的发展提供信息服务。在工业革命的刺激下，随着报刊由政党报刊向大众化读物的过渡，经济新闻才开始蓬勃发展起来。

20世纪80年代，随着经济全球化浪潮，经济新闻报道深化发展。具体表现为经济新闻报道的比重日益上升，著名的经济学报刊出现，广播电视新闻的兴起为经济新闻的报道增加了新的形态，专门的经济信息提供机构进一步发展，报道的品种和形式也不断增多。

二、改革开放以来中国财经新闻的发展历程

改革开放以来，我国财经新闻发展可分为三个阶段[①]。

（一）从经济新闻到财经新闻（1978年到20世纪90年代初）

中国的财经新闻是从经济新闻起步的，十一届三中全会后不久，中宣部召开各省、直辖市、自治区党委宣传部部长会议，会上确立了新时期新闻工作以经济宣传为主的指导方针，迎来了经济类报纸创办的高潮。1978年7月，经济类报纸《财贸战线》以原《大公报》部分工作人员为主创刊，成为经济类报纸创刊高潮的前奏。1979年，人民日报社创办《市场报》。1981年新华社主办《经济参考》。1981年《财贸战线》改名《中国财贸报》。1983年1月1日，以《中国财贸报》为基础，《经济日报》横空出世，中国第一份以经济报道为主的全国性综合性报纸诞生了。在《经济日报》之后，《中国纺织报》《金融时报》等机关报相继创刊。改革开放初期，经济新闻主要是宣传国家宏观的经济方针、政策及路线，预测宏观经济形势，介绍行业、部门的生产管理经验或成就等，核心是转变观念，制造舆论，为改革开放鸣锣开道。

1992年，邓小平南巡谈话，同年，党的十四大确立了建立社会主义市场经济体制的改革目标，中国开始从计划经济向市场经济转轨，催生了以

① 莫林虎．财经新闻概论［M］．杭州：浙江大学出版社，2014：27–42.

市场为依托的财经资讯。在这样的大背景下，1992 年，中国报纸形成了一股扩版热潮，不仅各经济类报纸增加版面，综合类报纸也纷纷开辟经济专版、专栏或经济类周刊等。如《解放日报》1993 年增加了“行情信息”版，《新民晚报》在 1993 年元旦春节前后开辟“浦江改革潮”“改革开放新鲜事”专栏，同年，《中国青年报》创办“经济蓝讯”周刊等。被誉为中国财经新闻“黄埔”的《中华工商时报》以超前的办报理念在 1989 年面世，以其新潮的版式与密集的信息量给其他媒体带来很大的冲击，但在财经新闻市场极不成熟的 80 年代末 90 年代初，前行举步维艰。直至中国证券市场诞生，财经新闻在中国才有了长足的发展。

20 世纪 90 年代初股市投资者对财经资讯的需要，形成了以证券新闻为核心的财经媒体，三大证券报应运而生。1991 年 7 月 1 日，《上海证券交易所导刊》创刊，在上海证券交易所内部发行。1992 年 9 月，经国家新闻出版署同意，上海证券交易所与新华社上海分社合作创办《上海证券报》，1993 年 1 月起公开发行。《上海证券报》是中国第一张以提供权威证券专业资讯为主的全国性财经类日报，是中国证监会指定披露上市公司信息和中国保监会指定披露保险信息的报纸。深圳证券交易所开盘后于 1993 年 11 月 28 日创办《证券时报》，《证券时报》以报道证券市场为主，兼顾经济金融信息，是面向国内外公开发行的财经类专业日报。1995 年，《上海证券报》划给了提供刊号的新华社，《证券时报》则最终归属《人民日报》。1993 年 1 月，新华社主办的一张全国性证券日报《中国证券报》创刊。

三大证券报与中国证券市场共同成长，成了中国证券新闻乃至财经新闻发展历史的重要见证者。当时三大报的报道重点以证券类财经资讯为主，主要局限在证券、金融领域，视域比较狭窄。

随着市场经济的改革如火如荼，一部分敢为天下先的人先富了起来，他们也成为消费的先头部队，但是媒体上关于消费类信息却十分匮乏。同时，随着越来越多的人手中有了多余的钱，投资信息需求也变得炙手可热，但以证券新闻为主的三大证券报对于市场上消费者与投资者的需求捕捉得并不灵敏，甚至有些迟钝。

在财经新闻市场供需不平衡的情况下，各经济类报纸掀起一股开辟财经新闻专版的热潮。如《经济日报》开辟财经新闻版，还出现了大批财经类杂志，如 1992 年，人民日报社创办经济内参《中国经济快讯》。

（二）财经新闻的飞速发展时期（20 世纪 90 年代初到 2000 年初）

2000 年前后，一批市场化财经媒体应运而生。财经新闻也从“小财经”扩展到了“大财经”。民营的中国证券市场研究设计中心（联办）于 1992 年创办了《证券市场周刊》，月末版取名《财经》，《财经》从投资到发行均实现了市场化运作，市场化运作的《财经》秉承独立、独家、独到的新闻理念，让读者眼前一亮，如沐春风。

随着中国加入 WTO 及改革开放的逐步深入，财经新闻的报道领域进一步扩展到广义的、足以影响经济的一切领域的“泛财经”层面。

以企业报道见长的《中国经营报》创刊于 1985 年，是伴随着中国产业经济改革，与中国的企业一同成长壮大起来的。在改革开放的各个时期，《中国经营报》一直恪守“为改革开放鼓与呼，为市场经济的实践者出谋划策”的办报宗旨，服务于中国的商务管理阶层。在刻录时代变迁的同时，也是时代精神的践行者，因此曾被赞誉为“一个时代，一张报纸”。脱胎于《南方周末》经济版的《21 世纪经济报道》成立于 2001 年 1 月 1 日，由南方报业集团与民营企业复星集团旗下复星信息合资的“21 世纪出版服务公司”创办，隶属南方报业集团。《21 世纪经济报道》拥有庞大的记者网络，在工商界影响较大。

《经济观察报》由山东省新闻出版局和山东省委宣传部主办，三联集团投资，创刊于 2001 年 4 月 16 日。因其内容罕见的高质、大胆、丰富而充满生机和设计精美，创刊不久便被列为中国三大财经类报纸之一。

（三）互联网时代财经新闻走向多元（2000 年初到现在）

经济全球化时代，世界关注中国，更多的是关注中国的经济。中国经济的崛起，为中国财经媒体成为国际一流媒体创造了机遇和条件。在这样的大背景下，中国传统财经媒体在互联网的冲击下转向网络寻找新的生存空间。大量的传统媒体开办网站，商业化的网络财经媒体也纷纷涌现，并出现了新型的多媒体财经新闻集团，喧嚣的互联网时代，财经新闻走向多元。

这个阶段财经新闻发展的一大特点是网络化。从 1997 年《上海证券报》开办电子版（www.ssnews.com.cn，现改为 www.cnstock.com）以来，其他的财经媒体也相继触网。新浪、搜狐等门户网站开辟财经频道，财经新闻的市场竞争变得火热起来。21 世纪以来，传统财经媒体经历了网络化的艰苦蜕变，新生的财经媒体也推出了独具个性的财经新闻服务，成立于 1996 年的和讯信息科技有限公司从中国早期金融证券资讯服务脱颖而出，建立了第一个财经资讯垂直网站和讯网，和讯网逐步确立了自己在业内的优势地位和品牌影响，成为国内最有影响、最受欢迎的财经垂直门户网站之一；成立于 2003 年的第一财经传媒有限公司成为国内第一家跨广播、电视、报纸和网站运营的多媒体平台；这些网络化财经媒体还包括新华社金融信息平台新华 08 网、中国网络电视经济台、财新传媒等。

这一阶段财经新闻发展的另一特点是理财化趋势。近年来，投资理财类新闻逐渐成为财经新闻的一个重头戏，也是最受读者关注的内容之一。这和中国经济飞速发展，富裕人士迅速增多紧密相关。在这样的大背景下，理财杂志迅速走俏。《理财周刊》《投资有道》《私人理财》《卓越理财》《钱经》等理财杂志如雨后春笋般涌现。新浪、搜狐、网易、腾讯、TOM 纷纷开辟理财频道。

创刊于 2001 年 3 月 18 日的《理财周刊》，是国内第一本实用型个人投资理财专业杂志，逢周一在上海出版，全国发行。2004 年，《私人理财》《大众理财顾问》《钱经》相继创刊，专业财经报纸《每日经济新闻》《第一财经日报》也专门开辟理财专版。2005年，中央电视台经济频道《中国证券》推出理财板块，第一财经频道《理财金算盘》栏目开播，2008年，和讯与汤森路透集团合作开发投资理财产品。个人理财类财经新闻更加兴旺起来，也受到受众的欢迎。

三、中国经济新闻发展现状

目前，经过改革开放四十年的发展，经济新闻报道媒介多样，种类丰富，风格各异。不同的经济类媒体朝着专业化、多元化的方向发展。

（一）不同媒介形态的经济新闻

1. 纸媒经济新闻

（1）综合性财经媒体：主要指创刊比较早的老牌经济媒体，如《经济日报》《经济参考报》等传统经济刊物，受众的忠诚度很高。

（2）证券型经济类媒体：此类经济媒体主要侧重于金融与股市，着重报道有关虚拟经济的信息，以股票和证券等理财产品为主，与受众的投资理财息息相关，因此受众的关注度高。如《证券市场》《金融时报》等。

（3）行业依托型经济类媒体：其报道的内容和媒体的发展与市场经济市场的某一行业密切相关，如《中国建材报》《中国房地产报》，将全部精力都专注于一个行业。

（4）新财经媒体：这类经济媒体的主要受众一般是比较高端的商务人士和财政官员，他们是经济的决策者、参与者和制定者，对一般的经济新闻和信息有着自己的见解和结论。因此，面向他们的经济新闻和信息应该更具前瞻性和建设性。如《中国经营报》《21世纪经济报道》等。

（5）信息型经济媒体：这类媒体一般在内容上以商家和产品的打折促销信息为主，涉及生活方方面面，将有关人们的日常经济活动的信息“一网打尽”。

2. 广播经济新闻

目前，随着社会广播媒体的日渐衰落，我国广播经济新闻报道的发展仍处于低谷时期。但交通广播频率却在广播经济新闻发展中异军突起、成绩斐然。交通广播实质上是经济广播分化出来的一种单兵突进的产物，因为就交通电台而言，作为其主导内容的交通信息是经济新闻的一个重要方面。

交通广播的异军突起带来一些启示：经济新闻要为受众普遍接受，必须要与受众的衣食住行等切身利益紧密相关，与受众接受的方式紧密相连。此外，还必须结合地域特点，做贴近当地群众的经济报道。而交通广播休闲活泼的风格也可以给我们另一个启发——经济新闻报道将实用信息与娱乐节目搭配，在轻松与严肃之间进行相互转换和调节，增强了人们对广播经济新闻的兴趣。

3. 电视经济新闻

电视经济新闻成为财经新闻中的一大亮点。电视经济新闻能够直观生动地呈现出抽象信息，较强的现场感能够增强受众的参与意识。但目前的电视经济报道中受一些矛盾的制约：一是大众与小众的矛盾，电视是大众媒体，而财经的目标受众相对集中；二是数字与形象的矛盾，经济看不见，但电视要看得见；三是报道的专业性与电视的故事性。

目前，各级电视台经济新闻所占比重普遍不足，地方性电视台更甚。电视要有固定的版面、栏目或时段，用于刊发经济类新闻，利用多种报道形式，最大限度地满足广大受众对经济报道的需求。以江苏为例，作为GDP 全国第二、工业经济总量居全国第一的省份，其省级卫视以“情感世界，幸福中国”为频道定位，收视率更多依靠《非诚勿扰》等情感类节目支撑，其他各市、县级主流频道对于经济报道的比重也远远不足。与此同时，大数据时代已经来临，网络视频的迅猛发展正在严重挤占电视媒体的市场空间，在各经济类媒体中，电视正在经受最大的冲击力。

4. 网络经济新闻

互联网时代，经济类网站蓬勃发展，如别具特色的经济观察网和财新网等。网络经济媒体的优势在于新闻和信息发布的时效性，受众能及时了解经济领域的最新动态。经济新闻的全媒体时代已经开启，尤其是大数据时代的到来，更是对经济新闻报道带来新的突破和发展。

（二）大数据时代下经济新闻生产

随着数据挖掘、人工智能等技术在新闻传播中的应用和发展，数据新闻越来越融入新闻传播的生产实践，也影响了经济新闻的生产。对传统经济新闻的影响主要表现在以下三个方面：

1. 颠覆了传统经济新闻的生产模式

从经济类媒体的内容生产来看，大数据技术直接渗透到经济新闻生产的关键环节，颠覆了传统的生产模式。其一表现为以智能手机为代表的移动传播终端，使经济新闻生产的时间大幅压缩，然而在此状态下如何保证经济新闻的质量成为社会争议话题之一。

其二表现为机器将取代专业新闻工作者，进行智能化、高效率的经济新闻写作。美国《连线》杂志发文说，计算机将代替人生产 90% 左右的新闻，文章以 Narrative 公司为例，运用 Narrative Science 算法，每约 30 秒便可撰出一篇新闻报道。Narrative 写作新闻的基本模式是：首先，通过搜索引擎收集数据；接着，根据报道题材选择报道风格模式，按照资深记者组成的元作者团队提供的词汇来组成句子。目前，尽管电脑采写新闻仅限于某些特定领域，但经济新闻报道往往涉及大量波动性很强的数据，将这些繁复庞杂的信息进行机器处理可显著提高写作效率，因此它将成为经济类媒体人工新闻写作的重要补充。

2. 弱化了传统的媒体信息

从经济类媒体的产出品来看，经济类媒体的新闻和评论，最强调的是原创和深度，但其数量相当有限，极易在数量上被大数据时代的海量数据所淹没。传统媒体经济报道的发展面临着新的挑战。

3. 解构了传统的业务流程与盈利模式

从经济类媒体从业者的角度来看，记者编辑面临着如何适应大数据的时代需要，面对技术和能力不足的挑战。从经济类媒体的盈利模式来看，传统媒体长期形成的“从优质内容到获得受众及广告客户良好的口碑，到经济信息的广覆盖，再到可观的广告收入”的盈利模式，在大数据时代向数字化转型的过程中正面临着难以持续的产业困境。

（三）经济新闻报道的新变化

中国的经济新闻报道正在新闻报道中占据越来越重要的地位，在当今社会呈现出新的变化。

第一，经济新闻报道角色转变。目前的经济新闻报道不仅限于宣传党和政府经济体制改革的政策和方针以及国民经济形势等宏观报道方面，同时聚焦地方和个人，重视为城市经济、企业和消费者服务。经济报道由单纯为政治需要服务转为关注经济活动本身，经济规律越来越受到重视。

第二，全球的视角，全新的理念。全球一体化也给我们带来了挑战。对于媒体来说，用传统的视野、知识和思维来解释和判断错综复杂的国际形势已经不可能了。中国媒体在国际经济报道及全球性经济报道的比重大大提升，使中国的经济新闻报道尽快与国际接轨。

第三，财经新闻故事化。经济新闻写作开始克服传统的树典型、颂高歌的空洞枯燥模式，突显了专业化和预测性。

第四，突出人文关怀。经济新闻报道要实现站在人的视角关注经济活动，就必须在报道中凸显公众利益，积极发挥舆论监督作用，敢于触及敏感问题，不断提升批评性、揭露性报道的分量和质量。

四、经济新闻报道存在的问题与发展之道

作为一种重要的新闻，经济新闻报道在发展中也存在不少问题，如不

能及时解决，将影响经济新闻的进一步发展。

（一）经济新闻报道存在的问题

第一，采编人员专业知识缺乏。新闻队伍中部分采编人员文化知识及社会知识等整体素质不高，相当数量的经济新闻报道和从事经济新闻报道的记者，存在着为报道而报道的倾向，不运用经济学的眼光和思维方式来考察国家的经济活动和经济形势，不能同时具备新闻写作知识和经济领域常识，从而造成了部分经济报道的肤浅。

第二，经济新闻采写活动中存在偏差。具体体现在三个方面：首先，时间上，受众关注的经济新闻报道必须要有大量的时效信息：一方面，受新媒体的冲击，传统媒体上的经济新闻报道则显得时效性不足；另一方面，观念陈旧，一些报道的核心依然是过去式，没有紧跟上时代的步伐。其次，内容上，经济报道依旧偏重聚焦宏观政策的宣传，以工作会议、领导讲话等活动作为经济新闻的重点，对具体经济现象的剖析不够，对于区域经济、地方经济与公众的生活相关的经济新闻力度不足。目前的经济新闻报道依旧把经济报道的主要力量放在传统产业上，而忽视了对高新技术产业的展望和对新的经济增长点的透视。最后，形式上，相对其他新闻，经济新闻有其先天不足，缺乏趣味性和显著性。目前经济报道不能摆脱单调、枯燥的报道模式，缺乏理性思考。套话式、“八股文”式、应景式经济新闻占据着大量的媒体空间，加之大量的数字罗列和专业的名字更使之生硬难懂。

（二）经济新闻发展之道

面对受众偏好、技术以及经济环境变化迅速的事实以及经济新闻报道本身存在的诸多不足，未来要进一步发展好经济新闻，可以从以下几个方向着手。

第一，拓宽视野，与世界经济新闻报道接轨，加大主流媒体经济报道的分量和比重。

第二，加强采编人员专业知识和理论知识的学习。记者要有敏锐的新闻意识，熟悉国内外宏观经济形势，深入生产一线掌握最新鲜的一手材料。

第三，调整经济新闻报道的结构，着眼经济的微观变化，多报道与公众生活息息相关的信息。报道多聚焦社会经济发展新领域，报道应具有前瞻性。

第四，开放新闻视角，勇于创新，使经济报道常报常新，在形式上摆脱固有的模式和套话，将枯燥的数字进行形象化或渐小折算，语言上多采用形象化描写，打破经济新闻“严肃化”的印象。

第五，体现经济报道的人文关怀，将公众利益置于首位，使经济新闻报道起到监督引导作用，促进经济社会的健康稳定发展。

案例——历届北京国际文化创意产品交易会及其对北京的贡献①②③

一、案例介绍

中国北京国际文化创意产业博览会（简称北京文博会）创办于2006年，是经国务院批准，由文化部、新闻出版广电总局和北京市人民政府共同主办，中国广播电影电视社会组织联合会、中国出版协会、中国文化产业协会和北京市属委办局共30个单位协办，北京市贸促会承办，每年定期在北京举行的大型国际文化创意产业盛会。每年的文博会有一个主题，而且很多主题就是与经济发展密切相连的，如“激发文化创新活力　促进经济持续增长”（2009年）、“激荡文化创新活力　促进发展方式转变”（2010年）、“文化融合科技　创新驱动发展”（2011年）、“文化融合科技　创新引领转型”（2012年）、“促进文化贸易　加

① 引自北京文博会官网：http://www.iccie.cn/.

② 引自文交会官网：http://www.bcpe.top/index.php.

③ 郭佳．北京文交会原创云集　京津冀文创＋正式启动［EB/OL］.http://epaper.ynet.com/html/2017-09/15/content_262680.htm?div=-1，2017-09-15.

快经济升级”（2013年）、“推动文化创新 促进产业融合”（2014年）、“激发文化活力 引领产业创新”（2016年）。

2015年起，北京国际文化创意产品交易会作为北京惠民文化消费季的重要板块，一年一度举办。2017年文交会共有四大主展区——传统文化与设计创新、生活美学与时尚消费、匠心智造与共享未来、丝路文化与创意风情，不仅有代表传统文化的艺术精品及衍生品，还包括现代创意设计及原创作品。展会吸引了包括政府机构、博物馆、美术院校、文化基金、老字号等60多个团体、300多家企业的积极参与。他们来自全国各地，如北京市顺义区宣传部展团、江苏扬州广电集团展团、天津市委宣传部展团、山东省文化厅展团、浙江龙泉青瓷宝剑产业局展团、读者生活馆展、老字号协会、中华民族艺术珍品馆、中国非物质文化遗产基金会展团、恒天时尚等，他们将文创产品以及背后所承载的厚重历史，以文交会为载体，重回人们的视野，并以更好的形式融入生活。

二、案例分析

北京文博会、文交会对首都经济起到了不可忽视的促进作用，达到了市民能购得个人所好、真正促进文创产业发展、商户能推广商品的“三赢”。这些活动激发了北京市民消费，激起了市民在文化创意产业上的消费欲望，拉动了市民文化的消费。通过文交会这一平台，民众提高了对文化产品的关注，也能更了解支持文化创意产业的各种渠道和方式，也让文化创意产品得以走进他们的生活，让大家共同感受文创产品给日常生活带来的文化气息、创意灵感和生活便利。培养市民对于文化产品的发现意识和购买意识，促进经济结构改革和改善GDP结构；商户在文交会搭建的网络继续进行产品的展示和交易，延伸了文交会服务的时间和空间，使产品的曝光度得以持续。宣传了参展商户和品牌，使得北京行业创新的氛围更加浓厚，将这种氛围扩散到其他行业和地区，带动北京其他行业和地区共同进行创新发展，在推动首都功能疏解提升和全市产业结构调整升级过程中，发挥着越来越重要的作用，也促进协同京津冀共同发展不断加强。

第四章　企业品牌传播与企业文化

第一节　品牌与企业品牌传播

人们未必可以准确地说出品牌的含义，但现代人大多能说出几个自己喜爱或信赖的品牌。在现代商业社会，品牌对于企业的重要性与日俱增。每年，一些世界性权威机构都会发布品牌排行榜。根据世界品牌实验室（World Brand Lab）发布的2017年度“世界品牌500强”，排名前十的品牌分别是：谷歌、苹果、亚马逊、微软、脸书、美国电话电报、可口可乐、梅赛德斯奔驰、通用电器和麦当劳。中国入选2017年度“世界品牌500强”的则有国家电网、腾讯、海尔、华为、中国华信、青岛啤酒、五粮液、中国国航等。

品牌（brand）一词来源于古挪威文字brandr，中文意思是“烙印”，当时，西方游牧部落在马背上打上不同的烙印，用以区分自己的财产，这应该是最早的品牌标志。如今，品牌是一种名称、术语、标记、符号或图案，或是它们的相互结合，用以识别企业提供给某个或某群消费者的产品或服务，并使之与竞争对手的产品或服务相区别。

当社会生产的规模渐次扩大，品牌印记的使用迅速普及并带来无形的价值，寻求品牌保护的“商标”（Trademark）及商标法便随之诞生。第一个商标法案诞生于 1803 年的法国，而英国、德国、美国诸国，也均在 19 世纪 70 年代制定了商标法。品牌是一种商业用语，品牌注册后形成商标，企业即获得法律保护拥有其专用权；品牌是企业长期努力经营的结果，是企业的无形载体。

一、品牌资产的五大元素

品牌资产包括品牌知名度、品牌认知度、品牌联想度、品牌忠诚度和其他独有资产等五大元素。

品牌知名度（Brand Awareness），是指对品牌的认知度及回忆度。品牌知名度的建立至少有两个作用：第一，消费者从众多品牌中能辨识并记得目标品牌；第二，能从新产品类别中产生联想。

品牌认知度（Perceived Brand Quality），是指消费者对某一品牌在品质上的整体印象。消费者对品质的认知度完全来自产品使用或服务享受之后，产品的品质并不完全是指产品或服务本身，它同时包含了生产品质和营销品质。

品牌联想度（Brand Association），是指消费者想到某一个品牌的时候所能联想到的内容，然后根据内容分析出买或不买的理由，这些联想大致可以分为产品特性、消费者利益、相对价格、使用方式、使用对象、生活方式与个性、产品类别、比较性差异等类型。

品牌忠诚度（Brand Loyalty），是指消费者长期反复地购买使用品牌，并对品牌产生一定的信任、承诺、情感维系，乃至情感依赖的程度。对于一个企业来讲，开发新市场、发掘新的顾客群体固然重要，但维持现有顾客品牌忠诚度的意义同样重大，因为培养一个新顾客的成本是维持一个老顾客成本的 5 倍。

其他独有资产，是指品牌所拥有的知识产权、管理制度、企业文化等能带来经济效益的资源，其所有的运作最终都与市场销量挂钩，具体效果体现在品牌的市场占有率、渠道覆盖率、品牌溢价能力以及商标价值四个方面。

二、企业资产分类

企业资产指企业拥有或控制的能以货币计量的经济资源，包括各种财产、债权和其他权利。根据不同的标准，企业的资产有多种不同的分类。资产按其存在的特点可划分为：象形资产、无形资产、有形资产和拟形资产等。

象形资产包括企业的品牌、商标、声誉等，主要特性是看得见、摸不着的资产（Visibles&intangibles）。

无形资产包括企业的知识、经验、专利技术等，主要特性是看不见、摸不着的资产（Invisibles&intangibles）。

有形资产包括企业的一切实体资产，主要特性是看得见、摸得着的资产（Invisibles&tangibles）。

拟形资产包括企业的货币资本、股票、证券等，主要特性是看不见、摸得着的资产（Invisibles&tangibles）。

三、品牌的价值：产业链利润微笑曲线的启示

（一）微笑曲线的由来

宏碁集团创办人施振荣先生在1992年为《再造宏碁》提出了有名的“微笑曲线”（Smiling Curve）理论，以作为宏碁的策略方向。经历了十年多以迄今日，施振荣先生将“微笑曲线”加以修正，推出了所谓施氏“产业微笑曲线”，以作为台湾各种产业的中长期发展策略之方向。

微笑曲线理论虽然简单，却很务实地指出台湾产业未来努力的策略方向。在附加价值的观念指导下，企业体只有不断向附加价值高的区块移动与定位，才能持续发展与永续经营。营建业虽是火车头产业之一，但产业成熟化程度高，市场趋近饱和，在传统的、只重视工程施工制造的低附加

价值领域里，已经历了十多年的低迷。微笑曲线的理论提供一个了新的思考方向。

（二）微笑曲线的定义

微笑嘴型的一条曲线，两端朝上，在产业链中，附加值更多体现在两端，设计和销售，处于中间环节的制造附加值最低。

微笑曲线中间是制造；左边是研发，属于全球性的竞争；右边是营销，主要是当地性的竞争。当前制造产生的利润低，全球制造也已供过于求，但是研发与营销的附加价值高，因此产业未来应朝微笑曲线的两端发展，也就是在左边加强研展创造智慧财产权，在右边加强客户导向的营销与服务。如图 4–1 所示。

微笑曲线有两个要点，第一个是可以找出附加价值在哪里，第二个是关于竞争的形态。

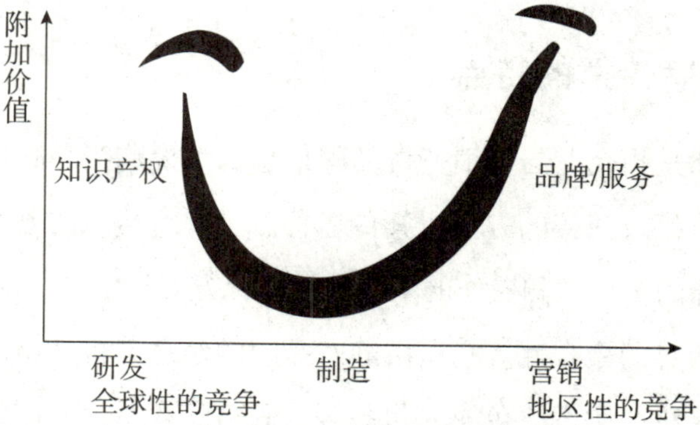

图 4–1　产业链利润微笑曲线

（三）微笑曲线的启示

经验曲线是一种静态表示，透过微笑曲线，可以表现动态的一面，并能突破经验瓶颈，迅速化内隐知识为外显知识。如何将研发、生产、营销结合，一直是企业谈论的主题。透过微笑曲线的认知，可以很快达到需求的知识。

对于企业来说，应该加快产业升级和转型，尽量在全球产业链分工的“微笑曲线”中占据有利位置，具体操作方式有如下六点：

（1）产品升级或产品下移。产品升级指的是产品从原来低档往中档、中档往高档走的办法，而产品下移，追求的不是提高附加价值，而是创造不同的市场，让营销固定成本往下降，创造规模经济的概念。

（2）垂直整合。包括向上游的整合和向下游的整合。

（3）缩短销售渠道。建立直接供销关系，渠道缩得越短，附加价值就越高。

（4）水平延伸。一种是产品的水平延伸，一种是产品线的水平延伸。

（5）多元事业。一种是相关产业的多元化，一种是非相关产业的多元化，对于后者，风险较高，在实施时要具备充足的资金和现金流量，要做好亏损的心理准备。

（6）生产技术升级。通过研发和自主创新，增加企业生产技术的科技含量。

四、品牌传播的特点

品牌传播是指企业告知消费者品牌信息、劝说购买品牌以及维持品牌记忆的各种直接及间接的方法。其传播特点主要有信息的聚合性、受众的目标性、媒介的多元性和操作的系统性等四个方面。

第一，信息的聚合性。它是由静态品牌的信息聚合性所决定的。品牌表层因素如名称、图案、色彩、包装等，其信息含量尚有限，但“产品的特点”“利益与服务的允诺”“品牌认知”“品牌联想”等品牌深层次的因素，却无疑聚合了丰富的信息，而它们构成了品牌传播的信息源，也就决定了品牌传播本身信息的聚合性。

第二，受众的目标性。在市场营销中，目标受众是营销活动的目标人口群体，既可以是某一个也可以是多个不同的人口群体。精准的受众定位是品牌传播市场调查中的重要部分，缺乏对目标受众的了解会造成营销活动效率低下。

第三，媒介的多元性。在传播技术正在得到革命性变更的今天，新媒介的诞生与传统媒介的新生，共同打造出一个传播媒介多元化的新格局。这既为“品牌传播”提供了机遇，也对媒介运用的多元化整合提出了新挑战。如此，品牌传播在新旧媒介的选择中，就有了多元性的前提。

第四，操作的系统性。品牌传播的系统主要由品牌拥有者与品牌受众构成，涵盖特定的信息、特定的媒介、特定的传播方式、相应的传播效果（如受众对品牌产品的消费和对品牌的评价）、相应的传播反馈等信息互动之环节。由于品牌传播不仅追求近期传播效果的最佳化，也追求长远的品牌效应，因此品牌传播总是在品牌拥有者与受众的互动关系中，遵循系统性原则进行操作。

第二节　企业文化与新闻传播（品牌传播）

一、企业文化

企业文化是全体员工在企业创业和发展过程中，逐渐培育形成并共同遵循的具有本企业个性的价值观念、道德规范、规章制度、行为准则、物质形象等，包括价值观文化、制度行为文化和物质形象文化三个层次，其核心为价值观文化。

企业文化分为表层的物质文化、中层的行为文化和深层的精神文化三个层次。处于表层的物质文化，集中体现了一个企业在社会上的外在形象，是社会对企业总体评价的起点；处于中层的行为文化，是企业经营作风、精神面貌、人际关系的动态体现，也折射出企业精神和企业的价值观；处于深层的精神文化，是企业在生产经营中形成的独具本企业特征的意识形态和文化观念（图 4–2）。

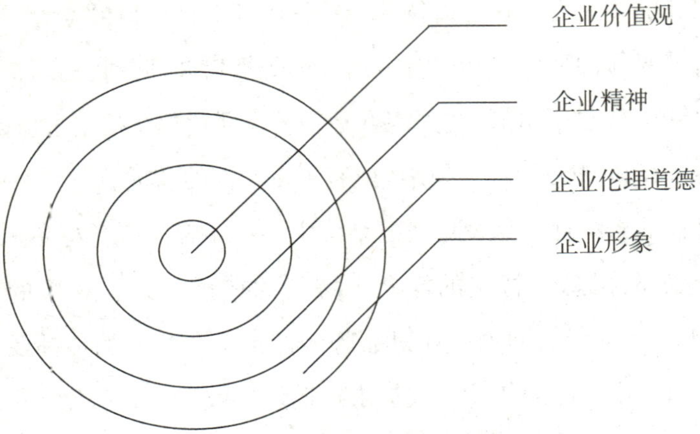

图 4–2　企业文化构成要素

（一）企业价值观

企业的价值观，是指企业职工对企业存在的意义、经营目的、经营宗旨的价值评价和为之追求的整体化、个异化的群体意识，是企业全体职工共同的价值准则。只有在共同的价值准则基础上才能产生企业正确的价值目标。有了正确的价值目标才会有奋力追求价值目标的行为，企业才有希望。因此，企业价值观决定着职工行为的取向，关系企业的生死存亡。

（二）企业精神

企业精神是指企业基于自身特定的性质、任务、宗旨、时代要求和发展方向，并经过精心培养而形成的企业成员群体的精神风貌。企业精神要通过企业全体职工有意识的实践活动体现出来。因此，它又是企业职工观念意识和进取心理的外化。企业精神是企业文化的核心，在整个企业文化中起着支配的地位。企业精神以价值观念为基础，以价值目标为动力，对企业经营哲学、管理制度、道德风尚、团体意识和企业形象起着决定性的作用。可以说，企业精神是企业的灵魂。

（三）企业伦理道德

企业道德是指调整该企业与其他企业之间、企业与顾客之间、企业内部职工之间关系的行为规范的总和。它是从伦理关系的角度，以善与恶、公与私、荣与辱、诚实与虚伪等道德范畴为标准来评价和规范企业。企业道德与法律规范和制度规范不同，不具有强制性和约束力，但具有积极的示范效应和强烈的感染力，当被人们认可和接受后具有自我约束的力量。因此，它具有更广泛的适应性，是约束企业和职工行为的重要手段。

（四）企业形象

企业形象是企业通过外部特征和经营实力表现出来的，被消费者和公众所认同的企业总体印象。由外部特征表现出来的企业的形象称表层形象，如招牌、门面、徽标、广告、商标、服饰、营业环境等，这些都给人以直观的感觉，容易形成印象；通过经营实力表现出来的形象称深层形象，它是企业内部要素的集中体现，如人员素质、生产经营能力、管理水平、资本实力、产品质量等。表层形象以深层形象为基础，没有深层形象的基础，表层形象便是虚假的，无法长久维持。企业形象还包括企业形象的视觉识别系统，比如企业对外宣传的视觉标识 VIS 系统，是社会对该企业的视觉认知的导入渠道之一，也是标志着该企业是否进入现代化管理的标志内容。

二、品牌传播与企业文化的关系

企业品牌是企业的价值观、精神、经营理念、制度行为、环境面貌以及物质形象经过抽象外化而形成的精神情感符号，是企业文化的载体。企业品牌从内到外可分为三个层次，即核心价值层、功能利益层和视觉识别层。企业品牌通过其视觉识别层为消费者所认知，通过其功能利益层给消费者带来物质利益，通过核心价值层来博得消费者观念和情感上的认同，从而使消费者产生购买行为和忠诚感。

品牌传播是指企业告知消费者品牌信息、劝说购买品牌以及维持品牌记忆的各种直接及间接的方法。品牌传播的最终目的就是发挥创意、利用各种有效发声点在市场上形成品牌声浪，有声浪就有话语权。传播是品牌力塑造的主要途径，品牌传播是企业满足消费者需要，培养消费者忠诚度的有效手段。

企业文化与品牌传播，虽然一个注重内部管理，一个偏重外部认知，看似不相关，但在企业发展的过程中，必须达成相互统一，融为一体。两者若存在较大差异，会造成内部员工和外部消费者对品牌的疑惑，不利于企业的长远发展；若两者存在尖锐的冲突，甚至可能会导致品牌和企业在市场上消失。

三、企业文化对品牌传播的影响

（一）企业文化影响品牌传播理念

企业文化对品牌传播理念的影响，主要体现在传播目的、传播的核心价值两个方面。

1. 企业文化对品牌传播目的的影响

企业文化精神层的外显是企业的价值判断标准，在企业确立品牌传播目的时起着关键作用。品牌传播目的在不同的文化氛围中存在不同的倾向：在既注重社会效益又关注经济利益的文化氛围中，品牌传播的目的可能是打造品牌鲜明的个性，以在受众心智中占据独特的位置，从而最终达到树立百年品牌的目的；在只关注经济利益即“利润第一”的文化氛围中，品牌传播的目的可能只是提升品牌产品的销售量。

2. 企业文化对品牌传播的核心价值的影响

品牌核心价值是品牌向消费者承诺的核心利益，它代表着品牌对消费者的终极意义和独特价值，是一个品牌最独一无二且最有价值的精髓之所在。它让消费者明确、清晰地识别并记住品牌的利益点与个性，是促使消费者认同、喜欢乃至爱上一个品牌的主要力量。

企业文化对品牌传播的核心价值的影响最为显著。就企业向外界传播的品牌信息而言，其中一部分包含了企业经营理念和价值观的信息，它们或是直接来源于企业文化，或是在现有的企业文化基础上归纳、扩展而来。比如海尔、宝洁、贝纳通这些优秀的企业，在以广告为手段传播产品信息的同时，也悄然传达着企业的经营态度和价值观。

（二）企业文化影响品牌传播行为

1. 企业文化对品牌传播路径选择的影响

品牌传播方法和工具的选择不当，不仅无法俘获目标消费群体的心和钱包，而且会使企业走入财务困境，最终导致市场业绩表现平平。勇于开拓的企业敢于尝试新的传播媒介，将品牌传播到消费者的面前；而相对保守的企业则更倾向于选择传统媒介，审慎地使用新媒体。

2. 企业文化对领导行为的影响

领导行为和员工行为也是品牌传播的路径之一。领导一方面主导着企业文化发展的方向；另一方面，领导的行为又强烈地被已有的企业文化所左右。如果领导是企业的创建者或是在内部晋升的，在日常的经营中便已经受到了企业文化的潜移默化的影响；如果领导是从外部派入的人员，就可以明显地感受到企业文化的导向与约束作用，在不断的冲突中，领导与企业文化相互调适，直至最终达到和谐。领导与企业文化的互动性，提示领导在品牌传播的过程中必须考虑已有文化体系对现有行为的影响。

3. 企业文化对员工行为的影响

企业文化通过影响员工的行为和态度，从而影响受众对品牌的感知，进而产生不同的品牌传播效果。员工是品牌传播的载体之一，员工在服务消费者或在消费者所能观察到的范围内的行为与态度，会极大地影响他们对品牌的感知。例如，消费者在服务厅遭受到的粗暴对待，可能会影响其随后的品牌购买。

（三）企业文化影响品牌传播实体的设计

品牌传播的实体是指产品和视觉识别系统，其中视觉识别系统包括产品名称、品牌标志、色彩应用、产品造型、专卖店的设计等。企业文化通过影响领导和员工的思维方式来间接影响产品和视觉识别系统的设计与选择。

1. 企业文化对品牌产品的影响

人们通常错误地认为某个品牌的产品或服务可以在不提供真正的质量和价值的情况下通过广告就可以建立品牌。但事实上，品牌的实体才是形象的决定因素。企业文化在产品功能、产品品质等方面的设计与选择上起着非常深层的左右作用。在理性、分析型的文化氛围内，产品品质可能只保证在使用期限内是可靠的，一旦寿命到了，所有的零配件全部出现问题。

2. 企业文化对品牌视觉识别系统的影响

品牌的视觉识别系统属于物质文化的一部分，是企业文化的具体视觉化，它通过具体的标识、图形或文字等内容展示企业文化，与企业文化相辅相成为有机的整体。企业文化对品牌视觉识别系统的影响渗透到各个方面。那些期望能快速获取市场认同和从市场中“捞一把”的企业，往往会选取与知名品牌类似的品牌名称。而那些真正期望能为社会贡献价值、获取长久持续发展的企业，则会对品牌名称的选择慎之又慎。Google在取中文名字的时候，就耗费了几年的时间，才将“谷歌”这个非常具有诗意的名字公布于世。

四、基于企业文化的品牌传播流程

企业文化对品牌传播会产生直接或间接的影响，同时品牌传播实践也会作用于企业文化，两者相辅相成，滚动向前发展。在进行品牌传播时，企业只有制定与企业文化相匹配的传播战略，才能促进品牌资产的累积，获得长久的品牌发展。企业可以依照以下步骤，制定内外合一的基于企业文化的品牌传播战略。

（一）调查企业文化现状

企业可以通过访谈、座谈、问卷调查等定性与定量相结合的方法，深入探索现有的企业文化网络，找出所倡导的企业文化与实际中的文化之间的差距，依照企业文化的层次，从表层直至深层逐一列出企业文化的表征。只有在深入了解企业文化的基础上，才能制定出切实可行的品牌传播战略。中国移动会选择具有先锋形象的人士做代言人，并开发出一些适应甚至引导人们时尚用语的口号，而中国电信则用温馨和诚信来打造公司的公众形象。这两个同处于通信行业的巨头，拥有不同的文化表征，因此它们的品牌传播战略选择不同。

（二）确立品牌定位

任何一个品牌若想在消费者心目中占有一定位置，使消费者在购买或挑选商品时能够有效地识别，就必须进行正确的品牌定位。品牌定位是品牌传播的基础，它依赖积极的传播活动，强化在消费者心目中的品牌形象，并依靠品牌传播达到定位的目的，凸显其相对于其他竞争性品牌的优越性。这种相对的优越性也确立了品牌传播的方向。高效的品牌传播需要首先对品牌定位，品牌定位需要详尽的市场分析后得出。

（三）明晰品牌传播目的和核心价值

品牌传播目的是品牌传播的纲，核心价值是品牌传播的中心，两者的确定均需要相应的文化支撑。其中，品牌传播目的与企业文化之间的关联较弱，但核心价值却与企业文化之间的关联非常强。若品牌传播的核心价值不能得到企业文化的支撑，则会导致品牌空壳，最终由于消费者对品牌认知的分裂、行为上的抛弃，品牌在市场上逐渐消失。因此，品牌的核心价值一旦确定，就不应轻易更改。

（四）设计品牌产品和视觉识别系统

品牌不是虚无缥缈的，支撑它的实体是企业的产品。品牌产品的功能、属性和品质设计除了要基于品牌定位，还要考虑到企业文化的特色。

视觉识别系统本身是物质文化的一部分，它是品牌传播的重要载体，通过独具特色的视觉识别设计，可以辅助提升品牌在消费者心目中的价值，而且可以统一品牌形象，引导消费者的消费行为，规范员工的行为，提高企业的凝聚力。

因此，在进行视觉识别系统的设计时，一定要注意它的文化导向性和辐射性。世界顶级豪华汽车品牌“BMW”，无论是音意俱佳的中文名字“宝马”，还是蓝白螺旋桨标志，无不蕴含着“BMW”的品牌精神和汽车品位。译名“宝马”独具匠心，“马”乃载物工具，车的概念显见其中；一个“宝”字让人不禁对马产生美好想象，因为“宝马香车”古已有之。“BMW”栩栩如生的品牌视觉形象令人耳目一新，几十年来“BMW”公司不断演进、变革，蓝白螺旋桨的主题却始终如一，成为其企业精神不可分割的一部分，显示了其品牌文化的迷人魅力，也获得了巨大的商业成功。

（五）确定媒体组合

媒体是品牌信息传播的主要载体，不同的媒体具有不同的传播特性，对消费者观念、行为的影响作用也呈现出差异性，这些差异形成各自独特的传播优势。媒体之间客观存在的这种互补性是进行媒体组合的主要依据之一。

在确定媒体组合时，企业不仅要依据品牌实体的特性、目标消费者和传播效果进行媒体的甄选，还要考虑到文化的惯性带来的影响。长久以来形成的文化氛围和行为方式，让人们往往不自觉地拒绝新的、不同的行为方式，而坚持自己已经熟悉、习惯了的“传统”。这时，企业一定要意识到，品牌传播要以品牌为中心，敢于突破固有的思维方式和行为模式，选择最佳的媒体组合策略，将品牌有效地传播到消费者的心中。

（六）规范领导行为和员工行为

1. 领导行为要与品牌传播的信息一致

领导行为不仅代表自己，也会影响整个企业。企业通过制定品牌传播战略、选择品牌传播路径、公开演讲或文字表述来传播品牌的个性、承诺和目的。因此在进行品牌传播时，领导和高层管理者之间不仅要首先突破落后思想的束缚，明确认识，采取一致的行动，而且要给予有关人员（内部实施人员和外部合作伙伴）强有力的支持，积极参与并推动品牌传播进程，只有这样才有可能带来丰硕的果实。

2. 员工行为的规范性

对于特定的消费者来说，单一的员工不良行为就意味着全部员工行为。为了获得最佳的品牌传播效果，企业一定要规范所有的员工行为。不可想象那些提倡“顾客是上帝”的企业，员工服务态度差与服务速度慢会让消费者如何思考企业和品牌。

决策在于领导，但是执行和巩固在于全体员工，因此通过系统的培训提升员工的行为和观念具有必要性。这些培训包括品牌理念培训、技能培训、员工行为培训、服务流程培训等。培训的目的是让员工尽可能地对品牌有一个明确的认识，帮助员工熟悉品牌的定位、品牌的传播目的、品牌的核心价值等，从而最终达到心理上的认同和行为上的一致。

第三节　企业识别系统传播策略

品牌传播（Brand Communication）是指企业告知消费者品牌信息、劝说购买品牌以及维持品牌记忆的各种直接及间接的方法。企业识别系统（Corporate Identity System，CIS）在提升消费者对品牌产生认知效果方面发挥着重要作用。它将企业文化与经营理念统一设计，利用整体表达体系

（尤其是视觉表达系统）传达给企业内部人员与公众，使其对企业产生一致的认同感，以形成良好的企业印象，最终促进企业产品和服务的销售。

CI 的早期实践可以追溯到 1914 年德国的 AEG 电器公司首创 CI。AEG 在其系列电器产品上，首次采用彼德·贝汉斯所设计的商标，成为 CI 中统一视觉形象的雏形。紧接着，1932 年至 1940 年之间，英国实施伦敦地下铁路工程，该工程由英国工业设计协会会长佛兰克·毕克负责，被称为“设计政策”的经典之作。

二战后，国际经济复苏，企业经营者感到建立统一的识别系统，以及塑造独特经营观念的重要性。自 1950 年，欧美各大企业纷纷导入 CI。1956 年，美国国际商用计算机公司以公司文化和企业形象为出发点，突出表现制造尖端科技产品的精神，将公司的全称“International Business Machines”设计为蓝色的富有品质感和时代感的造型“IBM”。这八条纹的标准字在其后四十几年中成为“蓝色巨人”的形象代表，以及“前卫、科技、智慧”的代名词；也是 CI 正式诞生的重要标志。60 年代以后，欧美国家的企业导入 CI 出现了潮流般的趋势。60 年代的代表作是由无线电业扩展到情报、娱乐等 8 种领域的 RCA；70 年代的代表作是以强烈震撼的红色、独特的瓶形、律动的条纹所构成的 Coca-Cola 标志。总之，60 年代到 80 年代，是欧美 CI 的全盛时期。日本企业在 70 年代以后，我国企业在 90 年代后也开始创造自己的 CI，从而使之发展成为一个世界性的趋势。

一、CI 定义

CI 是 Corporate Identity 的缩写，有些文献中也称 CIS，是 Corporate Identity System 的缩写，直译为企业形象识别系统，意译为企业形象设计。CI 是指企业有意识、有计划地将自己企业的各种特征向社会公众主动地展示与传播，使公众在市场环境中对某一个特定的企业有一个标准化、差别化的印象和认识，以便更好地识别并留下良好的印象。其作用在于体现企业的经营思想、强化企业视觉冲击和识别能力、提高企业在市场中的竞争力，是协助企业长期开拓市场的利器。

企业可以通过CI对其办公系统、生产系统、管理系统以及营销包装广告等宣传形象形成规范设计和统一管理，由此调动每个员工的工作积极性和对企业的认同感、归属感，使各职能部门都能各司其职，有效合作。对外通过一体化的符号形式来打造企业的独特形象，便于公众辨别和认同企业形象，促进企业产品和服务的推广。

二、CI系统构成

CI是一种意识，也是一种文化，是针对企业的经营状况和所处的市场竞争环境，为使企业在竞争中脱颖而出制定的实施策略。将企业的经营理念与精神文化运用整体系统传达给企业内部与社会大众，并使其对企业产生一致的认同感。

CI一般分为三个方面，即企业的理念识别（Mind Identity，MI）、行为识别（Behavior Identity，BI）、视觉识别（Visual Identity，VI）。

1. 理念识别

理念识别是企业生产经营过程中设计、科研、生产、营销、服务、管理等代表企业特色的经营理念的识别系统，是企业对当前和未来某一时期的经营目标、经营思想、营销方式和营销形态所作的总体规划和界定，主要包括：企业精神、企业价值观、企业信条、经营宗旨、经营方针、市场定位、产业构成、组织体制、社会责任和发展规划等，属于企业文化的意识形态范畴。

2. 行为识别

行为识别是企业实际经营理念与企业文化准则对企业运作方式所作的统一规划而形成的动态识别形态。它以经营理念为基本出发点，对内建立完善的组织制度、管理规范、职员教育、行为规范和福利制度；对外则开拓市场调查、进行产品开发，透过社会公益文化活动、公共关系、营销活动等方式来传达企业理念，以获得社会公众对企业识别认同的形式。

3. 视觉识别

视觉识别是以企业标志、标准字体、标准色彩为核心展开的完整的视觉传达体系，是将企业理念、文化特质、服务内容、企业规范等抽象语意转换为具体符号的概念，塑造出独特的企业形象。视觉识别系统分为基本要素系统、应用要素系统两方面：基本要素系统主要包括企业名称、企业标志、标准字、标准色、象征图案、宣传口语、市场行销报告书等；应用要素系统主要包括办公事务用品、生产设备、建筑环境、产品包装、广告媒体、交通工具、衣着制服、旗帜、招牌、标识牌、橱窗、陈列展示等。视觉识别（VI）在CI系统中最具有传播力和感染力，最容易被社会大众所接受，占据主导的地位。

三、CI系统的要素

设计的基本要素系统严格规定了标志图形标识、中英文字体形、标准色彩、企业象征图案及其组合形式，从根本上规范了企业的视觉基本要素。基本要素系统是企业形象的核心部分，包括企业名称、企业标志、企业的标准字体、标准色彩、象征图案和企业的标语口号等。

1. 企业名称

企业名称与企业形象有着紧密联系，是CI设计的前提条件，一般采用文字表现识别要素。企业名称的确定，必须反映出企业的经营思想，体现企业理念；需要具备独特性，发音响亮并易识易读，注意谐音的含义，以避免引起不佳的联想；名称的文字要简洁明了，同时还要注意国际性，适应外国人的发音，以避免外语中的错误联想；表现或暗示企业形象及商品的企业名称应与商标，尤其是与其代表的品牌相一致，也可将在市场上较有知名度的商品作为企业名称；企业名称的确定不仅要考虑传统性，还要具有时代的特色。

2. 企业标志

企业标志是特定企业的象征与识别符号，是 CI 设计系统的核心基础。企业标志是通过简练的造型、生动的形象来传达出企业的理念、具体内容、产品特性等信息。标志的设计不仅要具有强烈的视觉冲击力，而且要表达出独特的个性和时代感，广泛地适应各种媒体、各种材料及各种用品的制作。其表现形式可分为：（1）图形表现（包括再现图形、象征图形、几何图形）；（2）文字表现（包括中外文字和阿拉伯数字的组合）；（3）综合表现（包括图形与文字的结合应用）。企业标志要以固定不变的标准原型在 CI 设计形态中应用，开设时必须绘制出标准的比例图，并表达出标志的轮廓、线条、距离等精密的数值。其制图可采用方格标示法，同时应对比例、多圆弧角度进行标示，以便标志在放大或缩小时能精确地描绘和准确复制。

3. 企业的标准字体

企业的标准字体包括中文、英文或其他文字字体，是根据企业名称、企业牌名和企业地址等来进行设计的。标准字体的选用要有明确的说明性，直接传达企业、品牌的名称并强化企业形象和品牌祈求力；可根据使用方面的不同，采用企业的全称或简称来确定；字体设计要求字形正确、富于美感并易于识读，在线条粗细处理和笔画结构上要尽量清晰简化和富有装饰感；在整体设计上要考虑字体与标志进行组合时的协调统一，对字距和造型要作周密的规划，注意字体的系统性和延展性，以适应于各种媒体和不同材料的制作，适应于各种物品大小尺寸的应用。企业的标准字体的笔画、结构和字形的设计也可体现企业精神、经营理念和产品特性，其标准制图方法是将标准字配置于适宜的方格或斜格之中，并表明字体的高、宽尺寸和角度等位置关系。

4. 标准色彩

标准色彩是企业在所有媒介的视觉识别设计中统一使用的、具有象征性的色彩。色彩具有视觉刺激与心理反应功能，可传达出企业的经营理念、产品内容特质、属性和情感，因此标准色在视觉识别符号中具有强烈的识别效应。企业标准色的确定要根据企业的行业属性，突出企业与同行的差别，并创造出与众不同的色彩效果。标准色的选用应遵循国际标准，色彩种类不宜过多，通常不超过三种。

5. 象征图案

企业象征图案是为了体现企业精神、衬托强化企业形象，而在各种媒体上广泛应用的基本设计要素。象征图案的造型可以补充标志符号所建立的企业形象，使其意义更完整、更易识别、更具表现的幅度与深度。象征图案的表现形式偏向于简单抽象，与标志图形既有对比又保持协调，也可以标志或组成标志的造型内涵进行设计。在与基本要素组合使用时，要有强弱变化的律动感和明确的主次关系，并根据不同媒体的需求作各种展开应用的规划组合设计，以保证企业识别的统一性和规范性，强化整个系统的视觉冲击力，产生视觉的诱导效果。

6. 企业的标语口号

标语口号是企业理念的概括，是企业根据自身的营销活动或理念而研究出来的一种文字宣传标语。企业标语口号需要文字简洁、朗朗上口，准确响亮的企业标语口号对内可激发职员为企业目标而努力，对外可表达企业发展的目标和方向，补充企业、产品的形象，使社会大众在瞬间的视听中了解企业思想，并对企业或产品留下难以忘却的印象。

7. 企业吉祥物

企业吉祥物是以平易可爱的人物或拟人化形象来唤起社会大众的注意和好感。

8. 专用字体

专用字体是将企业使用的主要文字、数字、产品名称结合对外宣传文字等，进行统一设计。主要包括为企业产品设计的标识字和为企业对内、对外活动设计的标识字，以及为报刊广告、招贴广告、影视广告等设计的刊头、标题字体。

四、CI 系统传播策略

CI 通常通过多种传播载体对外或对内传播企业的理念和文化。常用的载体包括办公事务用品、企业外部建筑环境、企业内部建筑环境、交通工具、服装服饰、广告媒体、产品包装、企业礼品、印刷出版物，等等。

1. 办公事务用品

办公事务用品的设计制作应充分体现出强烈的统一性和规范化，表现出企业精神。设计方案应以标志图形严格规定办公用品形式，如文字格式、色彩套数及尺寸依据等，以形成办公事务用品的严肃、完整、精确和统一规范的格式，表现出企业的风格以及现代办公的高度集中化和现代企业文化向各领域渗透传播的攻势。主要包括信封、信纸、便笺、名片、徽章、工作证、请柬、文件夹、介绍信、账票、备忘录、资料袋、公文表格等。

2. 企业外部建筑环境

企业外部建筑环境设计是企业形象在公共场合的视觉再现，是一种公开化、有特色的群体设计和企业面貌特征系统。在设计上应突出和强调企业识别标志，并贯彻于周围环境当中，充分体现企业形象统一的标准化、正规化和企业形象的坚定性，以便使观者在眼花缭乱的都市中获得好感。主要包括建筑造型、旗帜、门面、招牌、公共标识标牌、路标指示牌、广告塔等。

3. 企业内部建筑环境

企业的内部建筑环境是指企业的办公室、销售厅、会议室、休息室、厂房内部环境形象。设计时应把企业识别标志贯彻于企业室内环境之中，从根本上塑造、渲染、传播企业识别形象，并充分体现企业形象的统一性。主要包括企业内部各部门标示、企业形象牌、吊旗、吊牌、POP 广告[①]、

---

① POP 广告（Point Of Purchase，POP），中文称作卖点广告，指商业销售中的一种店头促销工具，形式多样，以摆设在店头的展示物为主，如海报、易拉宝、吊牌、旗帜、模型等，主要商业用途是刺激引导消费和活跃卖场气氛。

货架标牌等。

4. 交通工具

交通工具是一种流动性、公开化的企业形象传播方式，通过多次的流动巩固受众的瞬间记忆，潜移默化地建立起企业形象。设计时应具体考虑它们的移动性、快速性，要运用标准字和标准色来统一各种交通工具外观的设计效果。企业标识与字体醒目、色彩强烈，才能有效吸引注意力，并最大限度地发挥其流动广告的视觉效果。主要包括轿车、中巴、大巴、货车、工具车等。

5. 服装服饰

整洁高雅的服装服饰统一设计，可以提高员工对企业的归属感、荣誉感、责任感和主人翁意识，改变员工的精神面貌，促进工作效率的提高，使员工纪律更加严明。设计时应严格区分出工作范围、性质和特点，符合不同岗位的着装。主要有经理制服、管理人员制服、员工制服、礼仪制服、文化衫、领带、工作帽、胸卡等。

6. 广告媒体

企业以广告形式在不同媒体上进行对外宣传，是一种长远性、整体性、宣传性极强的传播方式，短期内可在最广泛的范围中以最快的速度将企业信息传达出去，是现代企业传达信息的主要手段。主要有电视广告、报纸广告、杂志广告、路牌广告、招贴广告等。

7. 产品包装

作为企业经济来源的产品，其包装起着保护、销售、传播企业及产品形象的作用，是一种符号化、信息化、商品化流通的企业形象，象征着商品质量的优劣和价格的高低，因而系统化的包装设计具有强大的推销作用。成功的包装是最好、最便利的宣传，是树立良好企业形象的有效途径。产品包装主要包括纸盒包装、纸袋包装、木箱包装、玻璃包装、塑料包装、金属包装、陶瓷包装、包装纸等。

8. 企业礼品

企业礼品是企事业单位在经营或商务活动中，为提高或扩大其知名度，提高产品的市场占有率，获取更高销售业绩和利润而特别定购，带有企事业标志，具有某种特别含义的产品。企业礼品的设计要体现出企业形象或企业精神，通过形象化和富有人情味的方式来设计，用来联系感情、沟通交流、协调关系，是以企业标识标志为导向、传播企业形象为目的将企业形象组合表现在日常生活用品上的。企业礼品同时也是一种行之有效的广告形式，主要有T恤衫、领带、领带夹、打火机、钥匙牌、雨伞、纪念章、礼品袋等。

9. 陈列展示

陈列展示是企业营销活动中运用广告媒体对企业产品、销售方式进行展示与传播的活动，代表着企业形象。在设计时要突出陈列展示的整体感、秩序感和新颖感，以表现出企业的精神风貌。主要包括橱窗展示、展览展示、货架商品展示、陈列商品展示等。

10. 印刷出版物

企业的印刷出版物代表着企业形象，直接与企业合作者及社会大众见面。为取得良好的视觉效果，设计时应充分体现出企业精神，进行统一性和规范化编排，固定印刷字体和排版格式，并将企业标志和标准字统一安置在某一特定的版式风格，打造出统一的视觉形象来强化公众印象。主要包括企业简介、商品说明书、产品简介、企业简报、年历等。

☞ 案例——洛阳牡丹文化节的品牌传播[①]

一、案例介绍

中国洛阳牡丹文化节前身为洛阳牡丹花会，1983年首次举

① 王守国．走向品牌——河南会展业品牌化发展策略研究［M］．郑州：大象出版社，2017：263-267.

办。2010年11月，经国务院、国家文化部批准，更名为中国洛阳牡丹文化节，是国家文化部与河南省政府共同主办的国家级节会。经过30多年的发展，洛阳牡丹文化节已经成为我国最具影响力的节会之一，是洛阳展示形象的重要舞台、扩大开放的重要载体、推动发展的重要抓手，是世界了解河南的重要窗口。

1982年9月21日，洛阳市人大常委会通过决议，命名牡丹花为洛阳市“市花”，每年4月15日至25日举办洛阳牡丹花会。1985年第三届牡丹花会时，“花会搭台，经贸唱戏”的办会宗旨开始确立，并沿用至今，牡丹花会正式成为洛阳对外经济交流与合作的平台，开创了花会经济的先河。20世纪90年代中期，全国掀起国花评选的高潮，牡丹作为候选花种，在全国呼声较高，河南省趁势做大宣传，洛阳牡丹在全国的影响力不断扩大。2010年11月，经国务院、国家文化部正式批准，洛阳牡丹花会更名为“中国洛阳牡丹文化节”，并升格为国家级节会，目前已入选国家非物质文化遗产名录。

“唯有牡丹真国色，花开时节动京城。”每年清明前后，洛阳牡丹文化节便拉开帷幕，古都洛阳举城欢庆。赏花游玩、观看演出、参加展览、品尝美食、经贸洽谈，八方游客热情洋溢，全城尽显祥和之态。

二、案例分析

2011年，由中国人类学民族学研究会、国际节庆协会主办的“2011优会民族节庆”推选活动中，参照国际节庆协会的权威评价体系，以节庆的民维性、国际性、创新性为重要评选指数，中国洛阳牡丹文化节被评为“最具国际影响力节庆”。

河南历史悠久、文化灿烂，是中华民族与文明的重要发祥地。洛阳牡丹雍容华贵、国色天香，自古以来备受人们喜爱，是古都洛阳亮丽的城市名片。中国洛阳牡丹文化节以“简洁、大气、时尚、国际化、群众化”为定位，以市场化运作为原则，将会展与经贸、旅游、文化、体育等多个领域相融合，打造出特色鲜明的优秀民族节庆品牌，在传承文明、扩大开放、推动发展中发挥了重要作用。

三十多年来，洛阳市委、市政府坚持贯彻“以花为媒，广交朋友，宣传洛阳，扩大开放”的指导思想，“洛阳搭台，全省唱戏”，将牡丹文化节办成了融赏花观灯、旅游观光、经贸洽谈、对外交流等为一体的大型综合性经济文化交流活动。历届洛阳牡丹文化节均以丰富多彩的文化、经济活动充实游人及市民生活，大型演出、明星演唱会、民俗庙会、书画展览、牡丹婚典、经贸洽谈、房展、车展等，令人目不暇接。

洛阳牡丹文化节突出了文化品牌。文化节充分利用洛阳十三朝古都、丝绸之路东方起点等历史文化资源，精心组织安排了丰富多彩的文化活动，充分展现河洛文化、丝路文化、牡丹文化等特色文化内涵，充分展现“牡丹花都”的独特魅力。

第五章　广告与整合营销传播

第一节　广告与促销

一、广告的定义

广告的定义有很多，应用比较广泛的定义是，广告是由可识别的出资人通过各种媒介进行的，有关商品（产品、服务和观点）的，通常是有偿的、有组织的、综合的和劝服性的非人员信息传播活动。即广告必须有可识别的“广告主”，通过一定的媒介进行传播，所传播的不单单是关于有形产品的信息，还包括关于服务和观念的信息。①

这个定义说明，广告主具有以下四点特征：第一，广告主可以是企业、非营利组织或个人；第二，广告主控制广告活动；第三，广告主为广告的真实性负责，如对虚假广告负责；第四，广告主要履行在广告中做出的承诺。

二、广告的功能

从不同角度出发，广告的功能有不同的分类。总体而言，广告的功能主要有四个方面：第一，广告能促进生产与销售之间的沟通与配合，刺激

① 丁俊杰，康瑾．现代广告通论（第三版）［M］．北京：中国传媒大学出版社，2013：C4-08.

购买需求；第二，广告能加速货品的流通，扩大销售数量与销售范围；第三，由于促进了产需结合，广告可以促进社会经济财富的增长；第四，广告能够促进社会总体消费增长。

从对商品消费的作用看，广告的传播具有增强功能、提示功能、劝服功能和促进功能，即广告传播能增强商品的知名度，拓展商品的市场；能够对消费者的购买需求起到提示功能的作用；能够在一定程度上劝服消费者对商品产生购买欲望；能够促进商品更顺利地销售。

作为媒介产业的经济命脉，在媒介产业内，广告对不同类别媒体的经济作用并不完全相同。以美国为例，免费报纸与广播电台几乎 100% 的收入来自广告；广播电视台近 90% 的收入来自广告；非免费报纸中的日报近 80% 的收入来自广告；不同类别杂志对广告的倚重程度差异较大，大约从 50% 到 90%。①

三、促销的特征

营销有很多手段，如体验式营销、一对一营销等。广告是营销组合中的最重要、最广泛的手段，能以最低的成本达到最广泛的传播效果（表 5–1）。广告营销指企业通过广告对产品展开宣传推广，促成消费者的直接购买，扩大产品的销售，提高企业的知名度、美誉度和影响力的活动中所用的营销策略。

表 5–1　广告在营销组合中的作用

产品	价格	分销	促销
功能特征 外观设计 附加服务 产品线规划 品牌 包装	平均价格 差别价格 竞争价格 支付方式 ……	售点数目 售点位置 售点类型 库存 送货 信用 付款 培训 激励 ……	广告 销售促进 公共关系 人员推销 直接营销 ……

① 喻国明，丁汉青，支庭荣，陈端．传媒经济学教程［M］．北京：中国人民大学出版社，2009.

广告首先是用来促销商品的，尽管销售促进工具——赠券、竞赛、赠奖等形式不同，但促销具有三个明显特征，分别为传播信息、刺激和邀请。促销在日常生活中比较常见，例如“双十一”电商狂欢节以及“6·18”年中大促等活动。电商在临近重大节点之前，便通过多种渠道投放广告和促销信息，并成功打造了电商大促、剁手、年度优惠等概念吸引潜在消费者，给予消费者以吸引和刺激。

广告有很多功能，概括起来，主要有以下功能。首先，广告能传播信息（Communication），即广告引起顾客注意并提供信息，把顾客引向产品。其次，广告通过刺激（Incentive）进行促销，广告采取某些让步、诱导或赠送的办法给顾客以某些好处。再次，广告通过邀请（Invitation）进行促销，广告明显地邀请顾客来进行目前的交易。

第二节　整合营销传播与企业发展

一、整合营销传播定义

舒尔茨认为，整合营销传播（Integrated Marketing Communications，IMC）是关于营销传播规划的一种思想，明确了综合规划所产生的附加价值。依靠综合规划，可以对一系列传播学科的战略角色进行评价（例如普通广告、直接反映、促销及公共关系等），并且将其融合，从而使传播活动明了、连贯，并获得最大效果。

1989 年全美广告业协会（American Association of Advertising Agencies，4A）促进了整合营销传播（Integrated Marketing Communication，IMC）的研究、发展，他们将整合营销传播定义为，IMC 是一个营销传播计划

概念，承认综合计划的增加价值，通过评估各种传播方式的战略作用，并将这些传播方式联合起来，使它们变得明晰、连贯，并且产生最大限度的传播冲击。

台湾奥美广告公司认为，整合营销传播是整合各种传播技能与方式，为客户解决市场的问题或创造宣传的机会。他们在策略发展的源头整合，以零基础的方式，认定所有技能都平等，根据客户问题来运用传播技能，同时也谨记在心，并不是所有客户都需要所有的传播技能，但凡是运用两种以上的技能就该有整合的动作。而整合传播的基本概念就是协力，不同的乐器，必要时能够一起合奏，并且演奏出悦耳的和谐音乐。

二、整合营销传播发展阶段

整合营销传播共分为广告分离期、全面服务期、传播分离期和传播整合期四个发展阶段。在广告分离期，广告主负责广告制作，广告公司负责媒体购买，二者各自独立进行，在运作上是完全分离的。在全面服务期，广告公司受到广告主的全面委托，负责包括广告调查、策划、制作以及媒体购买的全部广告业务，提供全面的广告服务。在传播分离期，与广告主营销活动有关的所有传播活动分别由不同的专业机构负责，例如，广告公司负责广告和促销业务，广告主或者公关公司负责公关业务，广告主或者专业的事件营销公司负责赞助活动，CI 事件公司负责事件；CI 包装设计公司负责设计包装，邮寄广告公司负责直接邮寄广告业务，显示出专业化的分工。最后，在传播整合期，与广告主营销活动有关的各种传播活动统一运作，在广告主企业内部由营销经理人（或整合营销传播总监）负责，在企业外部则交由独立的整合传播公司或“整合传播集团”负责。整合传播是以专业化的分工为基础的整合运作。

三、整合营销传播的意义

首先，商品经济的发展，导致市场竞争日趋激烈，企业和广告商对传播媒体的不断开发，造成了现代社会商品信息的爆炸。传播渠道和信息的增多，极易稀释和淡化消费者对某一具体商品信息的注意力。在这种情况下，单靠广告自身的力量就已经显得越来越微不足道。20 世纪 80 年代中期以来，许多学者预感到具有战略意义的传播协同效果（Communication Synergy）时代已经到来，并从各自的观点出发提出了传播协同效果的定义。

其次，整合营销传播是一种看待事物整体的新方式。过去只注重其中的各个部分，例如广告、公关、促销、POP 广告、人员沟通，等等，但整合营销传播是重新编排的信息传播，使其看起来更符合消费者看待信息传播的方式，像一段从无法辨别的源泉流出的信息流。整合营销传播观念的出现，是广告发展到又一个新阶段的标志。

总之，整合营销传播的关键实际上是导入了传播概念。传播不等于广告，传播是广告的延伸。整合营销传播的核心是面对市场的立体传播和整合传播。整合营销传播的最大优势在于“以一种声音说话”，即用多样化的传播行销手段，向消费者传递同一诉求信息；由于消费者听见的是一种声音，他们能够更有效地接受企业所传播的信息，准确辨认企业及其产品和服务；对于企业来说，这也有助于实现传播资源的合理配置，使其相对低成本的投入产出高效益。

四、整合营销传播的七个层次

整合营销传播具有认知整合的需要、形象整合、功能整合、协调的整合、基于消费者的整合、基于风险共担者的整合和关系管理的整合等七个层次。

认知整合的需要。认知整合是最基础的形式，要求营销人员明了或认知整合营销传播的需要。例如，某个媒体策划人员在替某位总统候选人购买媒体、投放广告的时候，应认知到不同媒体类别间和相同媒体类别内的不同媒体载具都应选择，以反映此政治候选人的一致形象，这是实现整合营销传播的第一步。

形象整合。第二步牵涉到确保讯息 / 媒体一致性的决策。“讯息 / 媒体一致性”是指一则广告的文字与视觉要素间达成的一致性，以及不同媒体载具上投放广告的一致性。也就是说，图像要强化和补充文字的讯息。虽然每则广告都必须有些许差异，以适应某个媒体载具的编辑功能或节目内容，但它必须与其他媒体载具投放的广告一致。

功能整合。作为第三个发展层次，“功能整合”是指把不同的营销传播方案编制出来，作为服务于营销目标（如销售额和市场份额）的直接功能，即每个营销传播要素的优势和劣势都经过分析，并为了达成特定营销目标而结合起来。

协调的整合。功能整合发展的更高一层是协调的整合——人员推销功能与其他营销传播要素（广告、公关、销售促进以及直接营销等）被直接整合在一起。这意味着，各种手段都用来确保人际营销传播与非人形式的营销传播的高度一致。即推销人员所说的内容必须与广告内容一致。

基于消费者的整合。第五层次的营销策略必须在了解消费者的需要和欲求的基础上锁定目标消费者，进行产品定位后才能策划。换言之，营销战略已经整合，反映了战略定位的讯息已经到达目标消费者的心中。

基于风险共担者的整合。在整合营销传播的第六层次中，营销人员应认识到目标消费者不是本机构应该传播的唯一组群，其他共担风险的经营者也应该包含在总体的整合营销传播战役之内，例如本机构的员工、供应商、配销商以及股东等都应包括在内，甚至还应对所在社区和某些政府单位等作必要的说明。

关系管理的整合。为了向不同的风险共担者做出有效传播，本机构必须发展有效的战略。这些战略不只是营销战略，还有制造战略、工程战略、财务战略、人力资源战略、会计战略，等等。意即，为了加强与组织风险共担者的关系，本机构必须在每个功能环节内（制造、工程、研发、营销、财务、会计、人力资源等）发展出管理战略以反映不同职能部门的协调。

五、营销传播组合形式

（一）构成要素

营销传播组合形式有广告、销售促进、公共关系与宣传、人员推销、直接营销等要素。

第一，广告是主要以付款方式进行的创意、商品和服务的非人员展示和促销活动。由于广告的多种形式和用途，作为促销组合的一个组成部分，它主要有公开展示、普及性、夸张的表现力、非人格化等特征：（1）公开展示（Public Presentation），广告是一种高度公开的信息传播方式。（2）普及性（Pervasiveness），广告是一种普及性的媒体，它允许销售者多次重复这一信息。（3）夸张的表现力（Amplified Expressiveness），广告可通过十分巧妙地应用印刷艺术、声音和颜色，提供将一个公司及其产品戏剧化的展示机会。（4）非人格化（Impersonality），广告不会像公司的销售代表那样有强制性，受众不会感到有义务去注意或做出反应，广告对受众只能进行独白而不是对话。

第二，销售促进。销售促进是主要以各种鼓励购买或销售商品和劳务的短期刺激。

第三，公共关系与宣传。主要以设计各种计划以促进和保护公司形象或它的个别产品形象为主。对公关的要求基于它的三个明显特征：（1）高度可信性（High Credibility），新闻故事和特写对读者来说要比广告更可靠，更可信。（2）消除防卫（Off Guard），很多潜在顾客能接受宣传，但回避推销人员和广告。作为新闻的方式将信息传递给购买者要比销售导向的信息传播更好。（3）戏剧化（Dramatization），公共宣传像广告一样，有一种能使公司或产品惹人注目的潜能。

第四，人员推销。人员推销主要是与一个或多个可能的购买者面对面接触以进行介绍产品、回答问题和取得订单。人员推销在购买过程的某个阶段，特别在建立购买者的偏好、信任和行动时，是最有效的工具。与广告相比较，人员推销有三个明显特性：（1）人与人面对面接触（Personal Confrontation），人员推销是在两个人或更多的人之间，在一种生动的、直接的和相互影响的关系中进行，每一方都能在咫尺之间观察对方的需求和特征，在瞬息之间做出调整。（2）人际关系培养（Cultivation），人员推销允许建立各种关系，从注重实际的销售关系直至深厚的个人友谊，如果他们要建立长期关系，有效的销售代表会慎重地把他们顾客的兴趣爱好记在心里。（3）反应（Response），人员推销会使购买者在听了销售谈话后感到有某种义务，感到有必要继续听取和做出反应，即使这个反应是一句有礼貌的“谢谢”。

第五，直接营销。直接营销使用邮寄、电话、传真、电子信箱和其他以非人员接触工具进行沟通或征求特定顾客和潜在客户的回复。直接营销的形式多种多样——如直邮、电讯营销、电子营销等。直接营销具有以下四个明显特征：（1）非公众性（Nonpublic），信息一般发送至特定的人，而不给予其他人。（2）定制（Customized），信息为某人定制以满足他的诉求并发给他。（3）及时（Up-to-date），为了发送给某人，信息准备得非常快捷。（4）交互反应（Interaction），信息内容可根据个人的反应而改变。

（二）影响因素

公司在设计促销组合时应考虑产品市场类型，采用推动或拉引战略、消费者购买行为阶段、产品在产品生命周期中所处的阶段和公司的市场地位等因素。

1. 产品市场类型

促销工具的有效性因消费者市场和工业市场的差异而不同。经营消费品的公司一般都把大部分资金用于广告，其次是销售促进、人员推销和公共关系经营；工业品的公司把大部分资金用于人员推销，其次是销售促进、广告和公共关系。

第一，广告在工业市场应建立知名度，否则对该公司或产品缺乏了解的潜在顾客可能与销售代表见面。进一步而言，销售代表也不得不花费大量时间来描述公司及其产品。

第二，要促进理解。如果某一产品具有全新特点，对此进行解释的沉重负担就能由广告有效地传递。

第三，要有效提醒。如果潜在顾客已了解这个产品，但还未准备购买，广告可不断地进行提醒、刺激，比销售访问的形式更加经济。

第四，要进行提示。广告中的回邮赠券，是销售代表进行提示的有效途径。

第五，要有合法性。销售代表采用在有影响力的杂志上登载公司广告样张的办法，可证明公司和产品的合法性。

第六，广告能够再保证。广告能提醒顾客如何使用产品，对他们的购买再度给予保证。

一支有效率的、训练有素的销售队伍可以做出三项重要贡献。首先，增加存货。有说服力的销售代理人能影响经销商多存货、安排更多的货架空间，来展示公司产品。其次，树立热忱。有说服力的销售代理人能通过生动地介绍本公司所作的广告和销售促进支援，树立经销商对新产品的热忱。第三，传递式推销。销售代理人在与更多的经销商签约经销公司的品牌上可起到关键性作用。

2. 采用推动或拉引战略

促销策略从总的指导思想上可分为推式策略和拉式策略两类，推式策略是企业运用人员推销方式，把产品推向（Push）市场；拉式策略是企业运用非人员推销方式把顾客拉（Pull）过来，公司在设计促销组合时应该考虑制造商、中间商与最终用户之间的关系，了解营销活动中他们彼此之间的需求，进而选择适合的战略。

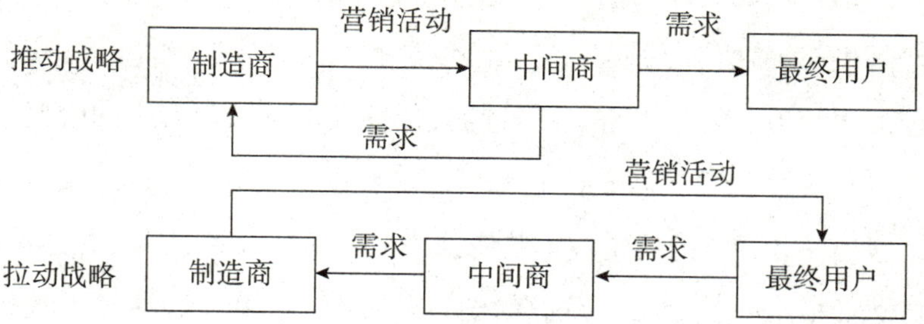

图 5-1　推动战略与拉动战略示意图

3. 消费者购买行为阶段

消费者购买行为分为认知、理解、信服、订购和再次订购几个阶段，在这几个阶段中，促销成本效应、销售促进、人员推销和广告语宣传都有不同的变化。从认知到理解阶段，广告与宣传、销售促进会降低促销成本效应，广告与宣传的影响更大一些，而人员推销会促进促销成本效应的提升。从理解到信服阶段，人员推销和销售促进会提升促销成本效应，广告与宣传则会起到降低作用。从信服到订购阶段，销售促进与人员推销都会提升促销成本效应，人员推销要比销售促销好些，但是从变化速率来看，销售促进变化更明显。而广告与宣传会降低这一效应。从订购到再次订购阶段，销售促进和广告与宣传都起到积极作用，但是销售促进明显强于广告与宣传。人员推销的作用有所下滑，但是其带来的效应仍在广告与宣传之上。

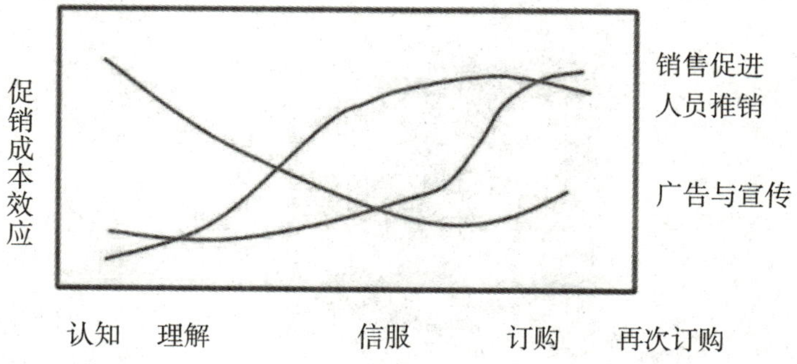

图 5-2　消费者购买行为阶段示意图

4. 产品在产品生命周期中所处的阶段

产品生命周期分为引入、成长、成熟和衰退几个阶段，在这几个阶段中促销成本效应、销售促进、广告与宣传和人员推销都有不同的变化。从引入到成长阶段，这三种方式下的促销成本效应都在下降；从成长到成熟阶段，这三种方式下的促销成本效应都在上升，销售促进的变化速率最快、促销成本效应变化最明显；从成熟到衰退阶段，销售促进带来的促销成本效应仍保持平缓的上升，但是广告与宣传、人员推销对促销成本效应起到了降低的作用。

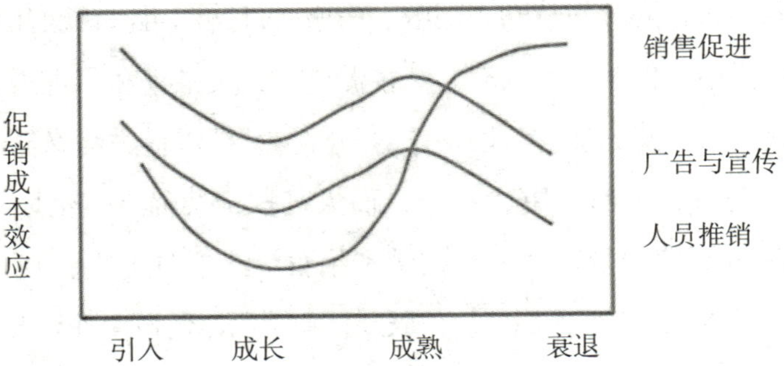

图 5-3　产品生命周期阶段示意图

5. 公司的市场地位

公司在设计促销组合时还应考虑公司的市场地位，根据不同的情况来安排不同的策略。

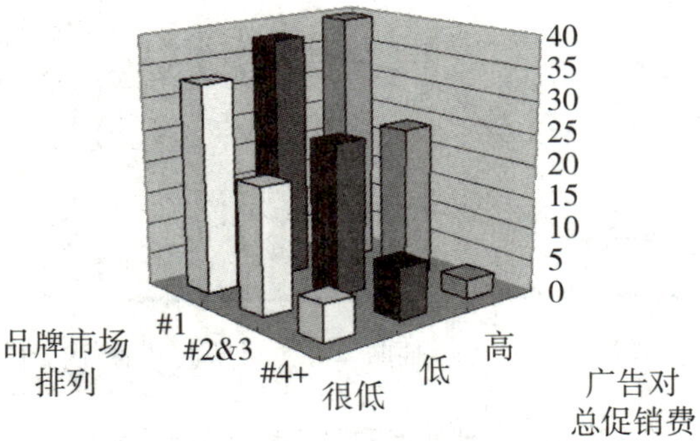

图 5-4　公司市场排列

表 5–2　营销传播通用的传播工具

广告	销售促进	公共关系	人员推销	直接营销
印刷和电视广告	竞赛、游戏	报刊稿子	推销展示陈列	目录
外包装广告	兑奖	演讲	销售会议	邮购
包装中插入物	彩票	研讨会	奖励节目	电讯营销
电影画面	赠品	年度报告	样品	电子购买
简订本和小册子	样品	慈善捐款	交易会和展销会	电视购买
招贴和传单	交易会和展销会	捐赠		传真邮购
工商名录	展览会	出版物		电子信箱
广告复制品	示范表演	关系		音控邮购
广告牌	赠券	游说		
陈列广告	回扣	确认媒体		
销售点陈列	低息融资	公司杂志		
视听材料	贷款	事件		
标记和标识语	折让交易			
录像带				

六、整合营销传播的六种方法

整合营销传播在运用各种传播手段时，最终为了传播一致的品牌形象，对信息资源实行统一配置、统一使用，从而实现不同手段的互补，提高资源利用率。整合营销传播通常有如下方法①：

第一，整合营销传播首先要建立消费者资料库。建立消费者和潜在消费者的资料库，内容至少应包括人员统计资料、心理统计消费者态度的信息和以往购买记录，等等。整合营销传播和传播营销沟通的最大不同在于整合营销传播是将焦点置于消费者、潜在消费者身上，因为所有的厂商、营销组织，无论是在销售量或利润上的成果，最终都依赖消费者的购买行为。

第二，整合营销传播要研究消费者。尽可能使用消费者及潜在消费者

① 参考知乎：https：//www.zhihu.com/question/53560673?answer_deleted_redirect=true.

行为方面的资料作为市场划分的依据，因为用过去的行为推论未来的行为更为直接有效，因此应相信消费者“行为”资讯比起其他资料如“态度与意想”的测量结果更能够清楚地显现消费者在未来将会采取什么行动。在整合营销传播中，可以将消费者分为对本品牌的忠诚消费者、其他品牌的忠诚消费者和游离不定的消费者三种类型。对消费者的关注使得广告以全新的 4C 取代了原来的 4P。

第三，整合营销传播要接触管理。企业可以在某一时间、某一地点或某一场合与消费者进行沟通，这是 20 世纪 90 年代市场营销中一个非常重要的课题。在以往消费者自己会主动找寻产品信息的年代里，决定“说什么”要比“什么时候与消费者接触”重要。然而，现在的市场由于资讯超载、媒体繁多，干扰的“噪声”大为增大。目前最重要的是决定“如何何时与消费者接触”，以及采用什么样的方式与消费者接触。

第四，整合营销传播要发展传播沟通策略，传播的信息应配合解除管理的类型。而后，为整合营销传播计划制定明确的营销目标。对大多数企业来说，营销目标的本质必须是数字化的目标。例如对一个擅长竞争的品牌来说，营销目标就可能是以下三个方面——激发消费者试用本品牌产品、消费者试用过后积极鼓励继续使用并增加用量、促使他牌的忠诚者转换品牌并建立起本品牌的忠诚度。

第五，整合营销传播要创新营销工具。营销目标确定之后，要决定使用何种营销工具。显而易见，如果将产品、价格、通路都视为和消费者沟通的要素，整合营销传播企划人将拥有更多样、广泛的营销工具来完成企划，其关键在于哪些工具、哪种结合最能够协助企业达成传播目标。

第六，整合营销传播要组合传播手段。最后一步就是选择有助于达成营销目标的传播手段，这里所用的传播手段可以无限宽广，除了广告、直销、公关及事件营销以外，事实上产品包装、商品展示、店面促销活动等，只要能协助达成营销及传播目标的方法，都是整合营销传播中的有力手段。[①]

① https：//wenku.baidu.com/view/d9e7ea15336c1eb91a375dee.html.

案例——促销预算示例

假设张三经理正在为一款女用去屑洗发水新品做推广，其促销预算步骤如下：

（1）确定市场份额目标：这家公司预计市场有5000万潜在使用者，确定吸引其中8%即400万使用者为目标。

（2）决定清洁牌广告应达到市场的百分率：广告商希望广告触及率达到80%（4000万预期顾客）。

（3）决定已知其名的预期顾客中，有多少百分比能被说服试用该品牌：如果25%或者1000万预期顾客试用清洁牌就会使广告商高兴，因为广告商估计试用者中的40%或者400万人将会成为忠诚的使用者，那么这就是市场目标。

（4）决定每1%试用率的广告印象数字（Advertising Impressions per1% Trial Rate）：广告商估计目标总体中每1%单位有40次广告印象显露数（exposures），就会在这1%的人中带来25%的试用率。

（5）决定要购买毛评点（Gross Rating Points）的数目：一个毛评点就是向目标总体中的1%展示一次显示。因为这家公司的广告覆盖率达到80%，每1%要获得40次显示，就要花费3200个毛评点的费用。

（6）根据购买每个毛评点的平均成本，决定必要的广告预算：向目标总体的1%展示一次广告印象的平均成本为3277美元。所以，3200个毛评点在这引入年内需要耗费10486400（3277美元 ×3200美元）。

第六章　社会化媒体与企业营销

第一节　社会化媒体发展现状

一、社会化媒体的概念及特点[①]

尽管社会化媒体并不是新鲜的名称，但社会化媒体的概念仍未在学界或业界形成权威统一的界定。从字面意思上看，其包含两部分，即“社会化”和“媒体”，大体是指人类借助新媒体的平台，继承、学习各种传统和规范，并且将这些社会文化因素形成交流互动的过程，其核心在于人与人之间的互动已经变革性地打破了传统媒体一对多的传播途径。如果撇开用户参与的因素，社会化媒体就失去了价值。[②]

不称社会化媒体为社交媒体（Social Media）的原因在于，社交媒体营造出过强的“社交”倾向，在大众语境中，“社交”一词已经被赋予了太强的“交往”倾向性，而对于社会化（Social）的指向性给予了较为具象的所指，因此“社交媒体”在做语义理解的时候就会产生很大的局限性，即很强的社交指向性。

① 江文骐．社会化移动营销的创新性特征研究［D］．南京：南京大学，2013：10-11.
② 陈新跃，杨德礼．基于顾客价值的消费者购买决策模型［J］．管理科学，2003，16（2）．

维基百科中“社会化媒体”（Social media）是指人们彼此之间用来分享意见、见解、经验和观点的工具和平台。平台具有高度的交互性和扩展性，它以Web2.0和移动应用技术为基础制造双向对话，并且鼓励用户生产内容。社会化媒体和一般的社会大众媒体最显著的不同，是让用户享有更多的选择权和编辑能力，自行集结成某种阅听社群。社会化媒体包括了内容社区、BBS、交友网站、博客、微博等个性化自媒体和窄众媒体，它突破了传统媒体的疆界，是媒体圈子化、个人化的体现。区别于传统媒体的单向信息传递，社会化媒体在新媒体技术的支持下强调的是互动性，所有人都是内容的制造者、传递者、修正者。

美国学者安东尼·梅菲尔德是较早研究社会化媒体的学者，他认为，社会化媒体是一种新型的、给用户提供极大参与度和空间的在线媒体，该类媒体具有公开性、参与性、对话性、交流性、社区性、联通性等特点[①]。美国公关协会（2008）发布的《关于社会化媒体的讨论》中这样定义社会化媒体：从趋势来看，社会化媒体是人们通过使用中心化的、以人为基础的网络来获取他们所需要的东西，而非传统的商业或者媒体；从技术上看，社会化媒体是指支撑网络的工具和服务，一般来说社会化媒体的使用费用非常低甚至是免费的，网络平台可以为每个用户进行内容定制。

有学者认为，社交媒体是以人为核心的。这种观念适合于SNS网站，但却不太合适于微博或团购网站等，后者更注重的是基于人或者关系的信息。虽然主体间的关系是微博的核心要素，但微博仍旧更侧重于信息。有网友经过亲身体验指出，很多时候，虽然自己的微博内容被转发，但是微博中的粉丝数量并没有增加。值得关注的是国内的研究将社交媒体作为一个整体来进行观察和论证，往往忽略了社交媒体内部的差异性。SNS网站是在相对封闭的空间中生长的，它的本质是分享和延时性的传播，而微博具有高度的开放性，更强调的是信息的传递和及时性传播。

---

① 齐炳金，武忠．移动社会化媒体用户体验与知识共享的关系研究［J］．情报理论与实践，2015，38（3）．

正如在《什么是社会媒体》一书中提出的，参与、公开、交流、对话、社区化、连通性五个特征是社交媒体的基本特征。而研究者王晓光和郭淑娟在《社会性媒体初论》一文中总结的社交媒体的五种本质特征——平民性、对话性、匿名性、社交性和涌现性，却有部分特征表述值得商榷。该文认为，匿名参与是社会性媒体内的常见现象，它迎合了多数平民的心理需求，这也是社会性媒体使用规模极速膨胀的原因之一，而匿名性是否是社交媒体的本质特征值得进一步探讨。社交媒体很大程度上是基于信任关系所建立的，以人人网为例，其所建立的是一个实名社区，同时街旁网之类的提供的也是真切的行为地点。在曹博林看来，由于社交媒体的广涵括性，考虑其特点时应有更多的思量。但不可置疑的是，社交媒体的本质特征应该包括平民性、参与性、对话性、社区化。[①]

二、社会化媒体的发展史

社会化媒体创始于20世纪90年代末，其诞生离不开哈佛大学人学心理学教授斯坦利·米尔格拉姆（Stanley Milgram）曾进行的“小世界实验”。该实验启发他提出六度分隔理论（Six Degrees of Separation）或称为小世界理论，即两个素昧平生的人平均只需要通过六个人就可以认识到对方（图6-1）。

图6-1　六度分隔理论示意图

① 曹博林．社交媒体：概念、发展历程、特征与未来——兼谈当下对社交媒体认识的模糊之处［J］．湖南广播电视大学学报，2011（3）：65-69.

1997 年，第一家社会化媒体 Sixdegrees.com 成立。它在运营模式上基本照搬了六度分隔理论，并且允许用户给 1—3 度的人写邮件。该网站在运营之初便受到了技术先驱者的追捧，三年之内发展了高达百万的注册用户，2010 年被收购。

进入 21 世纪，微软开发的 MySpace 横空出世，将虚拟社交服务提升到了新的高度；同时推出的 MSN 进一步挖掘了即时通信领域，受到了美国青少年的欢迎；中国与此同时产生了相类似的 QQ 和 QQ 社区。但是 Sixdegrees 以及 MySpace 等早期社会化媒体由于过度依赖六度分隔理论模型，没有开发出创新性的用户体验和行之有效的盈利模式，所以很快便退出历史舞台。他们的后继者是 Facebook 和 Twitter，分别创立于 2004 年和 2006 年，在国内相对应的是人人网和新浪微博。两者都是基于真实身份注册的用户及其社会关系创建出来的信息交互、分享、获取平台，用户可以创建自己的虚拟社区并且与其他人展开互动。

游恒振将国内的社会化媒体的发展分为了四个阶段[①]。

第一阶段，培育期，从 1994 年到 2004 年。该阶段以论坛、即时通信和点评网为代表，给用户带来了交互性的体验，极大地丰富了网民的生活。该阶段出现了以百度贴吧、QQ、MSN、大众点评网等为代表的社会化媒体，至今仍然深受网民的喜爱。

第二阶段，发展期，从 2004 年到 2007 年。该阶段以博客、视频分享、百科、问答为代表，博客的发展和推广使网民有了“自媒体”平台，可以表达情感、宣扬自我；视频分享网站更是拓展了自媒体平台的信息类型，提供了自媒体的自我表达途径；百科开启了用户协同创造内容的平台，网民的创造力得到了极大发挥；问答是简单化的论坛，为用户创造了一个汇聚无数人经验、智慧的互动式知识问答平台。

该阶段博客的出现，为普通百姓提供了一个自我表达的平台，人们可

① 游恒振．社会化媒体的演进研究［D］．北京：北京邮电大学，2012.

以通过博客来发挥自我优势，加强人与人之间的沟通和交流。视频网站的出现，丰富了网民的视野。人们不仅可以看视频，而且可以上传视频。视频网站的出现，鼓励网民制作并上传原创作品，增强了网民之间的互动。

第三阶段，爆发期，从 2008 年到 2010 年。该阶段以 SNS、微博、团购、LBS（基于位置的服务）为代表，出现了以学生为中心的人人网、以白领为中心的开心网，它们迅速发展，深受网民的欢迎，促进了国内社交网站的发展。2009 年新浪微博的出现，开启了中国社会化媒体发展的新阶段，信息传播更加便捷，网民互动性加强，吸引了众多企业与个人的参与。

第四阶段，变革期，2011 年及以后。该阶段各种社会化媒体不仅自身得到了更好的发展，而且相互学习，发挥各自优势，整合其他平台资源，为用户带来了新的体验，提供了一个更加自由和透明的平台，鼓励用户提供原创性的内容。目前国内已经进入了社会化媒体的整合期，社会化媒体更加开放，如何利用社会化媒体的整合功能，是发挥社会化媒体优势的关键所在。

2012 年尼尔森在线研究发布了中国社会化媒体全景图，研究了中国 100 余家社会化媒体网站，将其划分为 20 大社媒类型。

尼尔森将中国的社会化媒体分为微博类、问答类网站、电子商务类、相亲类网站、即时通信类、社交游戏、商务类社交网站、音乐分享、图片分享、签到类网站、博客、社交类网站、团购类网站、社会化书签、RSS 订阅类、百科类网站、消费点评类、轻博客、视频分享类、论坛共二十类，其中关于社会化媒体的划分清晰明了，涵盖性强，反映出目前中国社会化媒体多样化的状态。

第二节　社交媒体时代企业营销的变化

一、传统媒体时代企业营销策略

传统营销是一种交易营销，强调将尽可能多的产品和服务提供给尽可能多的顾客。经过长期的发展，已经形成比较扎实的理论和实践基础，消费者已经习惯这种固定的模式。消费者在消费过程中有很强的交流性，可以看到现实的产品并体验购物的休闲乐趣，同时传统媒体也更取得了大众的信赖。

传统的市场营销理念是由杰罗姆·麦卡锡教授提出的4P组合，即产品、价格、渠道和促销[1]。这种理论的出发点是企业的利润，而没有将顾客的需求放到与企业的利润同等重要的地位上来，但网络的互动性使得顾客能够真正参与整个营销过程，而且其参与的主动性和选择的主动性都得到加强，这就决定了网络营销首先要求把顾客整合到整个营销过程中来，从他们的需求出发开始整个营销过程。据此，以舒尔茨教授为首的一批营销学者提出了4C的市场营销理论，即消费者的需求和欲望、成本、便利和沟通。

传统的营销媒介按表现形式可分为：印刷媒体、电子媒体等。印刷媒体包括报纸、杂志、说明书、挂历等；电子媒体包括电视、广播、电动广告牌、电话等。这些媒介手段帮助广告主向广告对象进行有效的信息传播。

① ［美］小威廉·D. 佩罗特，尤金尼·E. 麦卡 . 基础营销学［M］. 胡修浩译. 上海：上海人民出版社，2001.

在传统营销模式中，制造商生产出成品后往往通过制造商→批发商→零售商→消费者的营销渠道对外销售产品，产品一般需要经历好几个环节才能到达消费者手中，这样臃长的供应链不仅降低了产品的时效性，而且增加了产品的成本。

二、社会化媒体营销的概念[①]

社会化媒体既是一种媒体，同时也是一个网络社区，具有媒体的营销功能与属性，并将营销功能加以放大。著名调研机构 Marketing Sherpa 在其 2009 年的调研报告中总结到[②]，社会化媒体营销是一种根植于社会化媒体的营销活动，它简化了品牌所有者、品牌内容传播者、内容搜索者和用户之间的交流，并且使得传播资讯得以分享。这种营销活动基于不同的网络在线平台以及其他一些相关的 Web2.0 技术。

在网络营销的背景中，社会化媒体指的是拥有网络内容所有权的一些集合小组，其中的网络内容主要由用户主动发布而不是直接来自网站的雇员。品牌或企业希望能够利用社会化媒体的环境，使其使用者和推崇者能够在多向化的社会化媒体网络平台上自主地对该品牌或公司进行推荐，而社会化媒体营销正是实现这一方式的商业实践。

社会化媒体营销强调互助合作，每一个参与到社会化营销过程中的成员，无论是企业还是用户都需要在获取信息的同时分享信息，从而实现双赢。

根据目前已有的一些社会化媒体营销方式，在国内外相关学者研究的基础上，结合具体实例，针对常见的社会化媒体典型应用、特性及营销方式整理得出如下所示的表格。

---

① 方冰．基于社会化媒体营销的品牌内容传播［D］．合肥：中国科学技术大学，2010：19-20.

② 葛洪波．“三屏联动”——社会化媒体新营销传播模式研究［J］．新闻界，2012（1）：21-23.

表 6-1 社会化媒体典型应用、特性及营销方式

社会化媒体典型应用	特性	可以尝试的营销方式
博客	受众广泛，已拥有一定的基础，与传统媒体有相似性，具有个人媒体性质，能够个性化定制使用等	以品牌营销为主，在使用某些应用的情况下及营销策划恰当的情况下，可以尝试销售促进
Wiki	用户基础薄弱，是对群体信息的整理，第三方特性较明显等	可以作为其他网络服务的配合，实现更好的营销体验
播客	具有一定的用户基础，在国内原创性作品逐渐增多	以品牌营销为主，需注意网络广告投放方式
SNS 社区	受众广泛，在 Web2.0 出现之前就存在网络社区，不具有明显的媒体属性，注重对个人隐私的保护等	以品牌营销为主，可以通过社区或圈子策划一定的主题活动，获取良好的营销效果
RSS	用户基础薄弱，技术性较强，是对传统网络信息传播方式的改造等	在 RSS 订阅中，以品牌推广为主，再结合 RSS 的特性后，可以尝试一定的促销
网络书签	用户基础薄弱，是对个人及群体信息的整理，工具性较明显	直接网络营销功能不强，但在搜索引擎中具有一定的价值
微博客	较新的信息传播方式，具有一定的工具性	在促进销售中有一定的潜在价值，也可以在社区营销中应用
微信	时下最为流行的信息传播方式之一，用户基础大，需注意个人隐私的保护	以品牌营销为主，主要维系与用户之间的关系

三、社会化媒体营销带来的变革①

当互联网第一次作为一种营销手段的时候，凭借着其较传统营销的独特优势而实现了突破，在这一期间诞生了如亚马逊、eBay、阿里巴巴、淘宝网等这样的电子商务巨头，出现了 Yahoo!、新浪等这样的新兴媒体，并

① 方冰．基于社会化媒体营销的品牌内容传播［D］．合肥：中国科学技术大学，2010：22-23.

凭借着自身对新形势下信息传播渠道的把握实现了自己的商业价值。

自从 2008 年以来，任何一家企业都必须面对信息传播速度飞快，消费者掌握话语权的现实。社会化媒体越来越成为一个无法忽略的营销平台，越来越为市场营销领域所接纳，也有越来越多的品牌开始通过社会化媒体进行市场营销活动。但大部分企业甚至很多专业的数字化市场营销机构并没有意识到社会化媒体绝不仅仅是在门户网站、垂直网站以外的另一个“媒体渠道”，社会化媒体在很大程度上改变了整个市场营销的格局。

首先，社会化媒体营销使得营销从一种单向的传播变成了双向的通话，让消费者变得越来越理性，获得各种信息的能力也越来越强。在此基础上，企业倾听消费者的声音比强迫他们接受品牌的信息要重要得多。社会化媒体为企业提供了这样一种和消费者直接对话的机会，可以让自己的产品更接近消费者的要求。

其次，社会化媒体也让企业本身充分暴露在了公众面前。一直以来，企业都很注重品牌形象，把企业藏在品牌后面。社会化媒体中，消费者可以轻易就知道产品出自哪家企业、哪些人在这家企业工作，他们可以很容易地和这家企业的员工甚至是老板进行直接的对话。企业的一切行为消费者都能看得到，因此企业传播和企业社会责任感比任何时候都显得更为重要。社会化媒体营销的必要性随之也就变得越来越重要。

另外，公关和市场营销的关系也变得越来越紧密。因为在社会化媒体营销范畴里，企业所参与的很多活动不再仅仅是传统意义上的市场推广，而是同时包含了很多公关的内容，还包括了客户资源管理（Custom Relationship Management，CRM）甚至是企业资源管理（Enterprise Resource Planning，ERP）的部分。对企业来说，要利用好社会化媒体开展社会化媒体营销，必须要协同公关部门和市场部门，打破这两个部门间的区隔是进行社会化媒体营销的关键，同时也是市场营销未来的一种趋势。

社会化媒体就像一面放大镜，它的作用是让品牌、产品以及企业本身更加清楚地呈现在所有人面前。企业要做的不是仅仅建立一个专门的部门来写博客，或在 Facebook 或 Twitter 上推销自己，而是要把社会化媒体作为一种需要去适应新的环境。这种新环境的生存法则并不复杂——生产好的产品；倾听消费者的声音；乐于和消费者、媒体、合作伙伴甚至竞争对手进行对话。

如表 6–2 所示，社会化媒体营销与传统的营销方式以及传统的网络营销相比，在信息传播方向、营销效果感受、营销效果监测手段、广告计费模式以及广告投放渠道方面，都有着显著的不同。但就如同网络营销无法取代传统营销一样，社会化媒体营销在目前还无法完全取代传统网络营销，与传统网络营销依然采用类似传统媒体的一些方式不同（如按展示时间计算广告投放费用），社会化媒体营销根植于社会化媒体对于网络社会关系的挖掘。由于用户已经从其他媒体处接受了大量的广告、产品和服务信息，如果企业不能提供给其明显区别于电视、报纸、杂志、门户网站等的营销体验，便无法发挥社会化媒体营销的优势。应该说，社会化媒体营销若以自己并不擅长的方面对抗传统势力，是一种以己之短，攻其所长的不明智之举。社会化媒体营销应当发挥自己的优势，与传统网络营销共存。

表 6–2 社会化媒体营销和传统营销以及网络营销的区别

	传统营销	网络营销	社会化媒体营销
信息传播方向	单向性	一定程度的双向性	互动性更强
营销效果感受	无法知道真正的营销效果	有一些方法，但大都延伸自传统营销手段	能够更精确、实现个性化、定制化营销
营销效果监测手段	访谈、街头问卷、抽样调查等	采用互联网调查方式，但没有完全取得突破	检测手段更多，也更复杂
广告计费模式	按时间来收费	按时间来收费	出现更多计费方式
广告投放渠道	以电视、报纸、杂志的大众媒体为主	开始关注互联网媒体，以图片、视频广告为主	社区、博客、视频、微博、微信等新兴广告投放场所

四、社会化媒体营销的理论基础及方式变革

社会化媒体营销中最为常见的一种形式是微博营销，以下以微博营销的理论基础及方式变革为例进行阐释。微博营销的理论基础有病毒式营销、整体营销和湿营销三点。

病毒式营销（Viral Marketing）利用的是用户口碑传播的原理，是一种高效的信息传播方式，速度与便捷性像病毒一样迅速蔓延，所以称为病毒式营销。病毒式营销主要体现在社交网络（包括微博）的传播模式上。因为社交网站的传播模式具有分享功能（Share），如果用户遇到一个感兴趣的内容，他可以将其分享，然后他的听众就可以看到这个分享。如果下一级用户也对该内容感兴趣则会继续分享。以此类推，一个令人感兴趣的新奇的内容就会通过一级级的分享达到指数级增长的效果。在微博中，分享这一机制是通过转发来实现的，例如一个品牌的微博被 10 个用户转发，而每个用户又有 10 个用户转发，经过 5 个层级的转发后，最后一级消费者就会达到 10 万以上。如果每个用户的粉丝数平均在 100 个的话（通常媒体人和意见领袖的数量都在万人以上），那么最终会有一千万左右的人看到该微博。

整体营销（Total Marketing）是由营销学之父菲利浦·利特勒提出的，指的是营销活动应在企业内部所有重要行为者中同时进行，强调了营销活动的视野性①。整体营销体现在微博上有两层含义，第一个是社会化媒体作为一种新兴媒体与传统媒体之间的整合，比如在微博上共享关于企业文化宣传的内容，其内容要与平面广告、报纸杂志广告、电视广告以及官方网站关于企业文化的宣传内容一致；第二个是微博社交平台内的整合，主

① ［美］菲利浦·利特勒，加里·阿姆斯特朗．市场营销原理（第 13 版）［M］．楼尊译．北京：中国人民大学出版社，2010.

要体现在企业、品牌、子品牌、企业家甚至企业的普通员工之间的营销整合，比如大众汽车品牌，它的企业会有一个微博账户——“大众中国”，而合资公司又有各自的微博账户——“上海大众”和“一汽大众”等，具体到车型的品牌上又有独立的微博账户——“一汽大众高尔夫”和“上海大众 POLO”等。微博营销正是将这些不同账户间的营销行为进行整合，并将它们继续与其他媒体的营销进行整合。

湿营销是与“干巴巴”的交流相对应，主要体现在品牌与消费者之间的沟通与互动不再是以往单方面的、生硬而干巴巴的交流，而是一种以兴趣爱好为基础的相对平和的交流沟通。在湿营销中，并不只是企业单方面在行动，消费者往往会出于兴趣爱好主动地为品牌进行传播。这一特点在微博平台营销中体现得尤为明显。微博中的内容不再是单单对品牌或产品的介绍，而是更多地关注生活口味及消费者的兴趣。如宝洁公司通过使用“#”发布话题的方式，宣传品牌对于“环境保护”、“社会责任”以及“生活小常识”的信息，这些与传统的营销信息不相关，都是通过消费者的兴趣来达到营销效果的。

据 DCCI（互联网数据中心）分析显示，消费者购买行为涉及的“媒介—渠道—场景—方式”已经改变，企业营销必须越来越倚重社交媒体，要以社交媒体思维取代传统营销思维。社会化媒体时代企业营销的变革将由 AIDMA（Attention，Interest，Desire，Memory，Action）转向 AISAS（Attention，Interest，Search，Action，Share），再转向 SICAS（Sense-Interest & Interactive-Connect & Communicate-Action-Share）。同时，它提出社交媒体营销要遵守以下四条宗旨：

（1）如何做到让目标客户触手可及并参与讨论；

（2）传播和发布对目标客户有价值的信息；

（3）让消费者与你的品牌或产品产生联系；

（4）与目标客户形成互动并感觉产品有他一份功劳。

五、社会化媒体营销的应用及效果[①]

社会化媒体营销不仅能够提高品牌的认知度，维系老客户，还能帮助企业瞄准有自己特色的细分人群，利用他们对产品或服务的意见反馈，鼓励客户参与到企业产品的创新开发和设计过程中。因此，通过社交网站的营销活动可以实现以下目标。

（一）增加品牌认知度

随着越来越多的公司采用互联网营销战略，品牌吸引网民眼球的竞争也更加白热化，它们都在寻求更多的网络宣传手段，比如在社交网站上播放植入式广告的视频节目。例如 40 集的互联网剧集《苏菲日记》，给公司提供了植入式广告的机会和吸引年轻消费者的方式。这个剧集由索尼电影（Sony Pictures）和中国电影集团（China Film Group）共同制作，主角是一个名叫苏菲的 18 岁女孩，主要内容是她搬到上海开始自己的新生活。在这个网络电视剧中，观众可以进入苏菲的博客，以在线投票的方式决定情节如何发展。《苏菲日记》在中国各大流行的视频网站，譬如新浪和优酷上免费播放，在最初播放的三个月里就吸引了超过 1500 万名观众。第一季的主要赞助商包括 51jobs.com 和倩碧（Clinique）。这些公司的产品和服务都在主角的生活中自然地展现出来。

社会化媒体还可以塑造品牌，以前名不见经传的品牌也从社交网站中尝到了甜头。“MISSNIUNIU”是一本针对年轻女士的在线杂志，创始人白手起家创建自己的品牌。由于没有预算在电视和报纸上做昂贵的广告，这本杂志就利用免费的社交媒体工具来吸引关注度。结果该杂志六周之内就在中国的社交网站上吸引了 135000 次访问和 6000 多个用户。

除此之外，社会化媒体还可以提升品牌知名度，推广试用并最终促进

① 李宝玲.实施社交媒体营销拓展网络营销渠道[J].北京印刷学院学报，2012，20(1)：66-67.

销售，当企业宣传活动形成病毒效应时尤为明显。但是，业内人士认为，最成功的社会化媒体宣传活动应该能为消费者提供真实的价值，同时要能够得到很好的执行——这个因素很关键，因为虚假的社交媒体宣传会很快被挑剔的网民迅速曝光。2008 年，家用电脑制造商联想在中国的视频分享网站上播放视频，讲述的是一位男士跟踪"红本女"（Red Laptop Girl）的故事。这次网络营销旨在宣传联想的 Idea Pad 笔记本电脑，收视率也暂时急速上升。但当中国的网民发现整个故事纯属虚构后，对于联想品牌的负面情绪也立刻在社交网络上弥漫开来。鉴于社交媒体的传播范围和速度，如今一旦出现任何辜负客户期望的事件，马上就会让企业尝到苦果，例如可利泰的一款锁具价格高昂却能够被轻而易举地撬开，戴尔笔记本电脑发生自燃等，这些事件由于网络的推波助澜，引发如潮恶评。同理，对于那些始终信守品牌承诺的企业来说，社交媒体也会弘扬它们的美誉。跟不上社交媒体发展的速度当然很危险，但是，另一个较为隐蔽却同样重要的危险就是，企业因为社交媒体而分心，忽略了营销根本。

（二）维系老客户

除了增加品牌认知度外，有些公司还利用在线社区来保留现有的客户。德国的汽车生产商宝马公司（BMW）没有选择在大型的社交网站上做宣传，而是在几年前就推出了面向全球受众的 BMW 互联网社区，包括中国 15 万多的宝马用户在内的注册者可以在这个社区里创建自己的档案，上传照片和视频，讨论驾车体验以及分享对最新车型的反馈，等等。

（三）瞄准目标群体

虽然社会化媒体的潜力很大，但关键问题在于公司如何制定有效的战略来接近和吸引消费者。沃顿商学院的伯格教授认为，要利用社交媒体来营销就必须改变企业的思维定式[①]。"以前的方法是集中在对消费者的宣传上，而这些新型媒体则是鼓励双方对话，鼓励消费者对品牌提供反馈。

① 李宝玲．实施社交媒体营销拓展网络营销渠道［J］．北京印刷学院学报，2012，20（1）：64-67.

而且，这些社交媒体促进了消费者之间的沟通，公司也可以更深入地了解消费者对自己产品的反响。这些工具非常有效，但也必须小心对其进行管理。”这种管理模式要求公司深刻理解目标受众，比如他们的喜好和倾向。Onecircle 的创始人熊尚文（Robert Hsiung）认为，社交网站可以为品牌提供更细分的目标群体。“你要想好你希望接近什么样的人群，然后选择合适的平台与他们交流。许多中国的社交网站现在都瞄准了有自己特色的细分人群。”

（四）建立互动、收集客户反馈

企业必须准备好以开放的心态虚心听取受众的意见，对网民的沟通内容进行监控只是第一步。要想利用社交媒体的优势，就必须加入在线对话，与消费者建立联系，无论是通过宝马的 BBS 社区还是《苏菲日记》等与受众反馈同步更新的内容。同时，社会化媒体战略最好与公司的整体营销战略融合。加州大学斯隆研究中心的唐娜·霍夫曼教授（Donna L. Hoffman）在最近于《麦肯锡季刊》上发表的报告中指出，“公司不应该只是在 My Space 上购买广告，他们应该把社交媒体作为自己营销计划的一部分。”

（五）鼓励消费者参与产品创新

咨询公司 Plus Eight Star 的创始人本杰明·杰斐（Benjamin Joffe）鼓励公司把在线渠道视为一种既能产生更多创新机会又能与消费者互动的形式。“品牌商需要认识到一点，消费者并不只是你的目标，而是你的利益相关人。和消费者互动的活动不应仅局限于抓住他们的眼球，让他们观看一部电影，而活动结束之后则烟消云散、对公司内部运作也没有影响。公司应该更多地鼓励消费者参与产品的创新，并对品牌本身的发展产生作用。”美国数字营销专家戴维·米尔曼·斯科特（David Meerman Scott）在其最近出版的一本营销学书籍当中表示，大量活生生的例子表明，如果企业用户无法同客户展开实时交流，则市场业绩将遭受打击。只有通过与客户展开实时交流，各大企业才能随时了解自己所在行业的最新情况，并及时对各自市场战略做出调整。

目前国外很多企业已经开始把社交媒体作为参与和协作的工具。各大领先企业的营销人员都纷纷建立起互动网站，促进企业与顾客、顾客与顾客之间的沟通交流。OPEN Forum（美国运通）、Be-inggirl.com（宝洁）、my Plan Net（思科）、Fiesta Move-ment（福特汽车）等都属于此类网站，企业通过这些网站将参与者的专业知识与创造力融入产品开发当中。

总之，社会化媒体近年来以惊人的速度增长，国外许多企业都把社会化媒体视为有效的营销工具，并且投入大量的时间、金钱等，以促销品牌，提高品牌认知度，并且取得了较好的效益。当然，使用社会化媒体实施战略营销计划，并非只是发布 Twitter 信息和更新状态，而是要把社会化媒体营销看作企业整体营销战略的一个组成部分，使社会化媒体营销向体系化、流程化、常态化方向发展。我国企业要正视社会化媒体营销的重要性，要有计划地投入资源、加强员工培训、着重打造营销渠道，通过实施社会化媒体营销达到拓展网络营销渠道、提高营销效率和效果之目的。

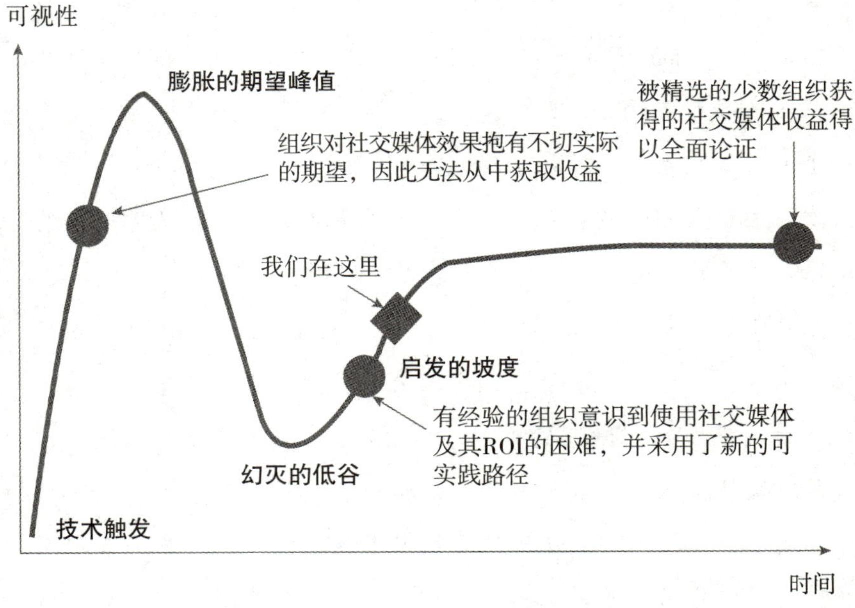

图 6-2　企业使用社交媒体的四个阶段[①]

① 来源：《IT 经理世界》2014 年 8 月 20 日。

案例——2017年北京旅游海外网络营销推广项目[①]

一、案例介绍

2017年“皇城御使”项目利用海外社交媒体平台邀集全球游客赴京，模拟中国古代皇帝出巡，深度体验皇城文化，收到来自近80个国家的2000多份报名申请，使北京旅游发展委员会官方Facebook、Twitter、Instagram三大海外社交媒体账号在活动期间共新增33.5万粉丝，粉丝互动16.7万次，获4000万次帖文曝光，海外大咖自主传播实现220多万次原创视频浏览量。中外170家媒体报道，覆盖900万网络受众。官方VR、宣传纪录片及互动发布会直播累计观看量超过60万次，得到了海外受众的高度关注和好评。

该项目通过社交媒体产生良好的传播效果。首先，海外社交媒体活动营销。Facebook、Twitter、Instagram三大海外社交媒体对“皇城御使”活动进行全程跨平台传播，覆盖预热招募、现场播报、后期推广三大阶段，用图文、视频的方式推广宣传活动的精彩内容，累计发布330条帖文，获得超过3500万次曝光，产生16.7万次互动。其次，海外大咖自主传播。“皇城御使”活动收到来自近80个国家的2000多份报名申请，合作伙伴联合传播。为了更好发挥网络传播渠道资源，精准触及海外目标受众，北京旅游发展委员会联手全球点评网站TripAdvisor对活动进行跨平台推广宣传。最后，全球公关新闻传播。“皇城御使”活动成果发布会邀请到80家中英媒体到场，涉及传统纸媒、网络媒体、电视、电台等媒体，包括新华社、《人民日报（海外版）》、《中国旅游报》、旅游卫视等，媒体代表们在现场进行网络直播、照片拍摄和视频录像。国家旅游局、北京旅游

① 佚名.2017年度中国机构海外传播十大杰出案例［J］.传媒，2018（5）：21-34.

发展委员会、网络新闻发布平台共同对外发布中英媒体新闻稿，累计产生超过170家媒体自发或转发活动报道，覆盖900万网络潜在受众。

二、案例分析

该项目的成功实施得益于项目中采取了有益的传播策略：

（1）整合渠道，精准营销。为提升北京旅游的海外影响力、促进北京入境游的发展，本项目积极学习并响应北京市旅游发展委员会对海外网络营销推广的需求，制定了“多渠道优势集中，多市场精准覆盖”的核心策略——通过整合四大海外社交媒体渠道、其他触及海外游客的旅游营销推广渠道，并瞄准北京入境游重点目标市场。

（2）深耕文化价值，聚焦“皇城文化”。为响应李金早局长提出的“全域旅游”发展战略方针，北京旅游在海外推广宣传上积极实践“旅游+”融合策略。

（3）升级打造“皇城文化”的城市名片。首次以官方名义面向海外市场强势推广宣传“皇城文化”，既有“天子脚下”千年帝都的历史古韵，也有“皇城根儿”寻常巷陌的地道京味。

第七章　数据新闻与商业传播

第一节　从精确新闻到数据新闻

一、精确新闻的概念

精确新闻报道（Precision Journalism），又称精确新闻、精确新闻学，是基于科学的量化研究的新闻报道。精确新闻报道兴起于20世纪60年代的美国。1967年，底特律市黑人暴动骚乱蔓延，记者菲利普·迈耶在计算机的辅助下，对437位黑人的抽样访问调查结果进行了分析，在此基础上写出了系列报道《十二街那边的人们》，并于1968年获得了普利策新闻奖，这就是精确新闻报道的开端。随后这种报道形式逐渐在世界各国的新闻界得到认可并推广，一般是指记者在采访新闻时，运用调查、实验和内容分析等社会科学的研究方法，来收集资料查证事实，从而报道的新闻。

1973年，菲利普·迈耶在其著作《精确新闻学：一个记者关于社会科学方法的介绍》（*Precision Journalism: a Reporter's Introduction to Social Science Methods*）中，正式把精确新闻学定义为："将社会科学和行为科学的研究方法应用于实践新闻的报道。"迈耶认为："精确新闻是一种扩大记者的工具包的方式，使记者可以接触到以前无法了解的，只能粗略访问的，或是受到新闻审查的主题。这对于了解少数民族和持不同政见者团体代表起了很大作用。”在经历过新新闻主义对客观事实的忽视与扭曲后，精确新闻重新回到了对客观性的追求上来，特别是在20世纪60年代以后，抽样技术和计算机技术在新闻媒体领域的广泛应用，为新闻报道提供了更高的精确度和效率。

二、精确新闻在中国的发展历史

精确新闻在中国的发展历史包括三个阶段：萌芽阶段、成长阶段和发展阶段①。

（一）萌芽阶段

萌芽阶段集中在20世纪80年代。自社会学恢复重建以来，新闻界便较早地将社会调查方法引入新闻传播研究活动中。80年代初，上海复旦大学新闻系率先开办了传播学课程，组织学生在上海开展小规模的民意测验；1983年初，张伟、焦扬等利用上海市电话簿抽样400人，对上海市区居民接触新闻媒介的状况作了调查；1983年6月至8月，北京受众调查在我国第一次运用计算机抽选样本和统计分析数据，引起了国内外学界的关注。80年代中期，民意调查机构在国内不断出现。1986年10月，中国第一个非官方的舆论和新闻调查机构——中国人民大学舆论研究所宣告成立，甘惜分担任所长。此后，各类大小不一、性质各异的调查机构纷纷成立。这些调查机构和他们的调查成果，为精确新闻学的产生奠定了物质基础。

（二）成长阶段

成长阶段集中在1990—1995年。随着大量社会调查机构的出现，新闻媒介越来越多地注意将社会调查统计分析后的数据运用到新闻报道中，以量化的方式反映社会现实方面的新闻报道明显增多起来。90年代，不少

① 余芳.精确新闻学在中国（下）［J］.当代传播，1999（6）：32-33.

新闻机构十分注重刊播各类调查结果，进而采取与调查机构合作的方式，电子媒介在这方面的报道走在了行业前沿。1990年，中央人民广播电台便与中国社会调查所联合推出《调查与回声》专题节目；1994年，《北京青年报》等报刊媒体逐步推出北京市民生活质量千户调查和《公众调查》《公众焦点》等专版，从衣食住行、旅游娱乐及文化消费等方面，将社会调查机构的成果以量化的报道方式公布出来，以挖掘具有新闻价值的事物的更深层面，形成了传媒新的关注热点。

这类报道已颇具精确新闻报道的特色，它们多以一个话题为中心，有图表数据，有专家评论，还有科学方法为后盾。当时，新闻界却没有意识到这一点，直至1996年《北京青年报》正式启用“精确新闻”一词。

（三）发展阶段

发展阶段为1996年至今。1996年1月3日《北京青年报·公众调查》的一篇报道《1995年，北京人你过得还好吗？》正式冠以“精确新闻报道”头衔，开始了我国精确新闻科学、规范的轨道，精确新闻成为一个新的“新闻增长点”。

在各种报纸媒体中，精确新闻报道方式使用较多、较成熟的主要有：

（1）《中国青年报》的《调查·观察》专栏。该专栏定期采编，立足全面，规模较大，以深入、全面地反映社会生活各层面中受众关心的话题见长。

（2）《北京青年报》的《精确新闻》专栏。该专栏立体丰富，针对社会热点，形式活泼可爱，颇合青年口味和时代潮流。

（3）《文汇报》的《文汇财经·商业街区》专版之《新闻来自数据/数据产生新闻》专栏。该专栏面向百姓消费和市场，报道文章往往直接采用调查结果，新闻加工程度不深。

（4）《粤港信息日报》的《调查与思考》专栏。该专栏主要面向财经、商业市场，报道专业性较强，图片数据较为丰富。

（5）《投资导报》的《财源调查》专栏。该专栏图文并茂，不仅从数据中见新闻，而且有具体的新闻事件予以补充，以资佐证。见事见人，视觉冲击力很强。主要涉及财经、金融、市场、消费等热点话题。

在广播电视行业，精确新闻报道的形式也日渐发展推广开来。1997 年 8 月 16 日，中央电视台《中国财经报道》栏目推出《每周调查》节目，以“居民投资面面观”首开我国电视媒体精确新闻报道的先河。

发展至今日，精确新闻报道方式已越来越多地被媒体所采用，其类型也日益丰富成熟起来。目前，精确新闻报道主要有以下几种类型：

（1）纯语体式。这是一种将社会调查得来的数据转化为语言，应用于报道中的类型。

（2）图文相参式。这种报道方式，在语体报道之余，辅之以图、表，是目前最常见的一种精确新闻报道类型。

（3）图表式，又称图表新闻。在经济证券新闻、经济分析及国外新闻报道采用比较多。这种报道直接以图表为内容，旁边辅之以文字说明，十分鲜明、直观。

三、社会科学研究与精确新闻

根据精确新闻的定义可知，精确新闻是指记者在采访新闻时，运用调查、实验和内容分析等社会科学的研究方法来收集资料、查证事实，从而报道的新闻，因此精确新闻是生产数据的；相比而言，数据新闻则是基于数据的现实，或者说是利用数据进行驱动的新闻。

社会科学研究的过程主要有三个步骤：第一步，选择研究问题。第二步，研究设计。社会科学的研究方法可以选择实验法、调查法、文献法和实地法。实验法和调查法属于定量分析，实地法属于定性分析，而文献法既可以定量也可以定性。最后一步，得出研究结果（图 7–1）。

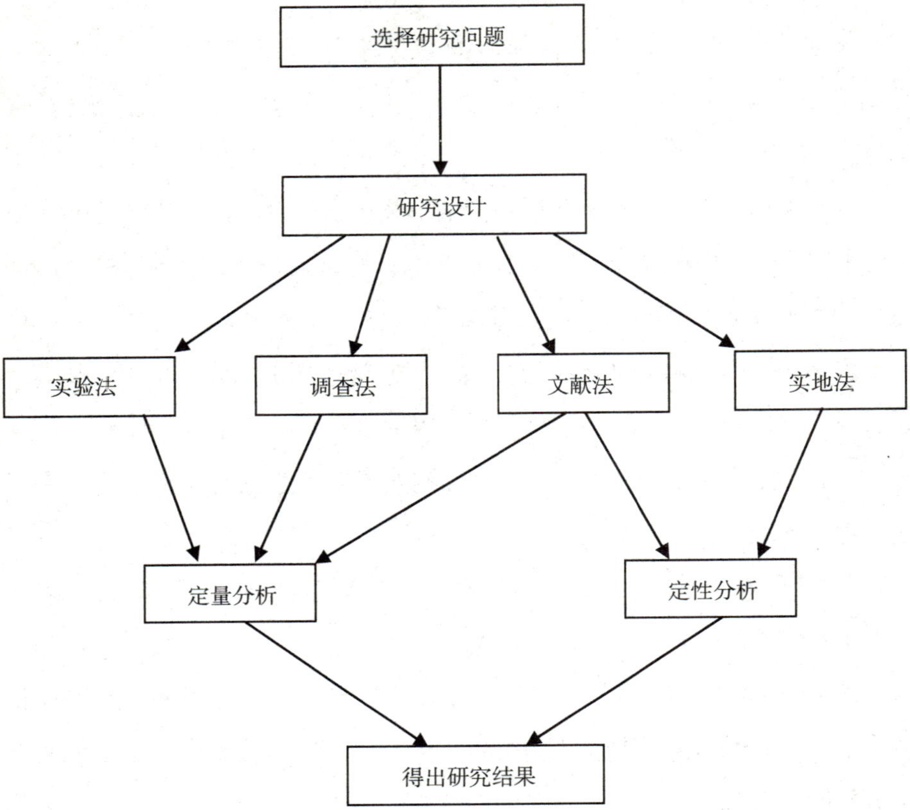

图 7–1　社会科学研究过程示意图

社会调查研究主要有以下几个特点：首先，社会调查研究的目的是反映总体的状况，无论是总体数据还是样本数据，其结论永远是针对总体的，反映的是一般情况。其次，研究对象要有一定的规模，否则反映的只是偶然或随机结果。第三，尽管存在针对主观性问题的调查和分析，但总体上反映的仍然是客观状况。

在社会调查研究中，要注意定量分析的弊病。定量分析可以描述总体或一般状况，但不能做深入、细致的解释。因此，定量研究不是万能的，要和定性研究相结合。

社会调查的作用和优势是可以了解真实世界的现状；成本比较合理，可实行性强；能够较方便地获取较大规模的信息；不受地理位置等限制。

它是唯一一种用来了解大规模总体代表性信息的可靠方法。

调查法的弊端表现在四个方面：（1）实际影响因素难以控制；（2）问卷设计如问题的措辞和位置可能会影响结果；（3）除面访外，其他方法的访问对象难以控制；（4）在现代社会，得到高应答率越来越难。

调查法的实施步骤有八个，分别是：（1）明确要研究的问题，如是否为探索性工作；（2）设计研究方法；（3）设计问卷初稿；（4）试用，主要是主观评价法或客观检验法；（5）修改、定稿、印刷；（6）抽样、调查实施，含调查员的挑选与培训、督导、审核、复查，必要时需补充调查或重新调查；（7）数据录入、整理与分析；（8）报告撰写等。

四、精确新闻的功能

精确新闻具有主动客观反映现实；摆脱消息来源的控制，充实传播内容；反映普遍的民意；纠正错误的观念；充分发挥媒体的预警和雷达功能，监督政府等功能。

（一）系统客观反映现实

记者观察现实的方法有四种：直接且系统的、直接且非系统的、间接且系统的、间接且非系统的（表 7–1）。传统的新闻报道主要依赖非系统的方法（B 或 D），而精确新闻报道采取社会科学方法，系统反映现实（A 或 C），拓展了反映现实的纬度。

表 7–1　记者观察现实的方法示意表

观察方法	系统	非系统
直接	A	B
间接	C	D

（二）摆脱消息来源的控制，充实传播内容

传统的新闻报道都要有新闻由头、新闻线索，离不开信息源头。然而，精确新闻报道则可以摆脱新闻来源的控制，因为媒体可以主动地介入社会。

例如，《北京青年报》在2005年3月19日刊发的精确新闻《美容业谁来为你美美容》，报纸没有就“SKII（宝洁公司紧肤抗皱精华乳）被诉”去报道美容业，而是用调查的数据表达了美容业的信任危机，开辟了新闻源。

（三）反映普遍的民意

精确新闻报道多基于社会调查反映现实，在很大程度上反映了普遍的民意。例如，《北京青年报》在2005年7月16日刊发的报道《性骚扰，该拿什么来治你？》，是在当年6月26日十届全国人大常委会第十六次会议审议的《妇女权益保障法修正案草案》出台后，为反映社会对性骚扰立法的态度和认知而做成的一则精确新闻。类似的还有《城市居民最关心的十大问题》《公众评出十大宜居城市》等。

（四）纠正错误的观念

由于精确新闻采取系统的科学的方法，生活中凭感觉的想法用严格的社会科学方法进行检验有时是错误的。例如，针对在很多人眼中，中国是个传统的男主外、女主内的国度这一问题，《中国青年报》在2005年3月28日发布了《中国是女性创业活跃的国家》一文，通过“全球创业观察项目”对40多个国家和地区的调查结果，说明了“中国女性全员创业活动指数高达11.16%，高出平均指数4.26%”。

（五）充分发挥媒体的预警和雷达功能，监督政府

精确新闻报道多反映民意，民众的支持或反对能在一定程度上监督政府，起到预警功能。例如，《中国青年报》在2004年12月7日刊登了一则精确新闻《中国市长支持率比县长高》。这则报道刊载的就是国内知名调查公司零点集团的调查结果，并指出应重视县市首长个人认知度和工作透明度的提升、应重视行政表现与民意期待间的差距。然后，《信息导刊》2005年第2期特此发文《县长，你不该如此默默无闻》。由此看出，《中国青年报》把一项社会调查的结果做成新闻，起到了社会预警的作用。相似的例子还有《中国人现在最缺啥？过半数认为最缺社会公平》等。

五、精确新闻报道中存在的问题及其原因

精确新闻报道虽然取得了一些发展，但在实际中仍然存在一些问题，主要表现在：

（一）调查要件不全

有些精确新闻仅报道结果，而对调查的对象、样本量、调查方法缺乏必要的交代，影响其可信度。例如，《中国青年报》2005 年 3 月 7 日刊登的新闻《九成女大学生恋爱不考虑婚姻》，没有交代调查执行机构，仅以“据当地媒体报道，此次调查，共向女生发放问卷 900 份，回收 657 份有效问卷”带过，虽然文中作者也表示这个调查缺乏代表性，但是登在这份严肃报纸上是不适合的。

（二）“自愿抽样”导致出现“问题数据”，如网络调查的非代表性

“自愿者调查”的调查结果只能代表接受调查的部分人口意见，不能做更大范围的推论。常见的网络调查就是基于自愿样本，如 2004 年 10 月下旬，许多媒体都报道了杜蕾斯公司宣布的一个全球性调查报告结论：“世界范围内，每人平均拥有 10.5 个性伴侣。中国人的平均性伴侣数最多，为 19.3 人。”因为其抽样程序是不规范的，自愿样本不具代表性，且填答过程缺乏控制，导致得出的数据也是有问题的。

（三）推理不当导致产生错误结论

有的精确新闻出现错误结论并非因为调查本身出现问题，而是推理不当造成的，甚至有篡改数据、曲解原意的情况。如 2013 年 6 月 25 日中国社会科学院发布 2013 年新媒体蓝皮书《中国新媒体发展报告》，报告以 2012 年 1 月至 2013 年 1 月的 100 个微博热点舆情事件为研究对象，指出这些事件的传播过程中出现谣言的比例超过 1/3，而当晚《北京晚报》刊登《微博热点三分之一是谣言》一文，当天深夜人民网官方微博难掩愤怒，

直言这篇文章原本是该网的舆情分析报告，而《北京晚报》刻意篡改有关数据和说法，对广大网友造成极大误导[①]。

（四）由于“商业诱惑”而变成“软性广告”

有些精确新闻在调查数据的背后隐藏着商业利益，用貌似科学的数字来做软广告。如某热水器厂家出资做全国热水器用户满意度调查，结果该厂热水器在各项满意度均名列第一，不免让人怀疑该调查的商业目的。对于这个问题，媒体要增强社会责任感和新闻专业主义精神，重视经济利益，但不为利益所动而偏离职业道德的重心。同时，媒体要弄清调查者、调查样本与被调查对象之间的关系，要确信他们之间没有利益诱惑、完全中立的调查立场方可撰稿和刊登，避免充当某类商品或某个企业广告宣传或商业宣传的工具。

（五）精确新闻制作粗糙，缺乏可读性

有些精确新闻制作粗糙，如新闻中采用的图表，制作粗糙，逻辑不清晰，数据不准确，无法给受众带来充分有用的信息，或者有些精确新闻只是将数据摆出来，而没有对数据做出必要的解释和分析，没有体现新闻的价值。

精确新闻存在以上问题的原因主要有以下几点：从业人员普遍缺乏系统的方法训练；媒体本身的重视程度不高，对精确新闻的认识不到位；精确新闻的报道成本较高，媒体无法大规模开展；宏观的政治和文化环境的限制等。为改善上述问题，精确新闻报道要能够回答以下几个问题：谁做的调查、如何调查的、调查了谁（没有调查谁），统计差异等于现实差异吗，统计推断是否有意义。如此，才能够是一条合格的精确新闻。

（六）图表制作粗糙

有些数据新闻采用的图表，制作粗糙，逻辑不清晰，数据不准确，

---

① 引自人民网：http://media.people.com.cn/n/2013/0626/c120837-21974970.html.

无法给受众带来充分有用的信息。

（七）数据堆砌，缺乏解释

有些数据新闻只是将数据摆出来，而没有对数据做出必要的解释和分析，没有体现新闻的价值。

精确新闻存在以上问题的原因主要有以下几点：从业人员普遍缺乏系统的方法训练；媒体本身的重视程度不高，对精确新闻的认识不到位；精确新闻的报道成本较高，媒体无法大规模开展；宏观的政治和文化环境的限制等。

精确新闻要能够回答以下几个问题：谁说的？如何调查的？调查了谁（没有调查谁）？统计差异等于现实差异吗？统计推断是否有意义？如此，才能够是一条合格的精确新闻。

第二节　数据新闻

一、数据新闻的概念和特征

精确新闻和数据新闻之间存在着历史的关系，20 世纪 60 年代出现了精确新闻，21 世纪出现了数据新闻。数据新闻（data journalism），又称数据驱动新闻（data-driven journalism），是大数据时代的产物，也是新闻理念的一种全新变革。

数据新闻的英文解释为：Data-driven journalism，often shortened to “ddj”，is a term in use since 2009/2010，to describe a journalistic process based on analyzing and filtering large data sets for the purpose of creating a news story. Main drivers for this process are newly available resources such as “open source” software and “open data”. This approach to journalism builds on older practices, most notably on CAR（acronym for “computer-assisted reporting”）a label used mainly in the US for decades. Other labels for partially similar approaches are “precision journalism”, based on a book by Philipp Meyer, published in 1973, where he advocated the use of techniques from social sciences in researching stories.（译文：数据驱动新闻，通常简称为“DDJ”，该术语于2009/2010年开始使用，用来描述为制作一条新闻，建立在分析和过滤大数据基础上而进行的新闻过程。这一过程的主要驱动力是新鲜的可应用资源，例如“开放源代码”软件和“开放数据”。这种制作新闻的方法建立在以往的新闻实践基础上，尤其是主要在美国应用了数十年的计算机辅助报道。其他类似的方法有“精确新闻”。这一概念出自菲利普·迈耶在1973年出版的一部书籍《精确新闻学：一个记者关于社会科学方法的介绍》，他提出在新闻研究中使用社会科学领域的技术[①]。）

2012年，又被媒体称作“大数据元年”。互联网技术的高度发展造就了庞大的数据资源，海量数据及由此伴生的数据技术深深影响了各行各业的数据化进程。数据已经成为重要的生产力。这要求媒体必须探索新的信息生产和传播方式，以适应大数据时代的挑战。在此背景下，数据新闻应运而生，顺应了媒体信息服务的本质。

大数据的核心不是海量数据，它的价值在于利用数据技术对海量的数据进行过滤分析。因此同理，数据新闻也并不是将大规模的信息永无止境地提供给受众，而是在于对有价值的信息进行加工梳理。

数据新闻是基于大数据技术的传播研究，它与传统的传播研究存在方法上的差异，主要体现在依据的样本、数据结构、数据复杂性等12个方面（表7-2）。

① ［美］菲利普·迈耶．正在消失的报纸——如何拯救信息时代的新闻业［M］．张卫平译．北京：新华出版社，2007.

表 7-2　传统的传播学研究与基于大数据的传播研究差异

存在差异的方面	传统研究	大数据研究
依据样本	随机样本	全体数据
数据结构	结构化数据	以非结构化数据为主
数据复杂性	处理单一数据集	处理迭代增长的数据集
研究细分	细分有限	细分充分
立足点	探求因果关系	探求相关关系
数据分析方式	集中式分析	分布式分析
结果呈现	多可视化、互动	少可视化、互动
精确性需求	追求精确性	放弃精确性
数据分析速度	批处理分析	实时或流处理
研究目的	描述、解释及预测	主要用于预测
研究逻辑	归纳式	演绎式
数据获取	介入式	非介入式

目前，基于大数据的传播学研究对理论的关注严重不足，明显存在“四重四轻”的特点：重数据轻理论；重相关轻因果；重挖掘轻阐释；重软件轻开发。目前基于大数据来研究传播现象的主要研究者是传播学者和计算机学者。前者虽对传统受众理论比较熟悉，但多忽视了理论验证或建构，只专注于用新颖的数据挖掘技术；后者往往对数据挖掘较熟悉，但缺乏传播学理论，难以对人类的传播规律进行深入的因果解释。目前大数据在传播学中的应用也多以实践应用为主，这种重技术轻理论的传播研究在受众至上的传播业界或许有一定的商业价值，但对于传播学学术研究则不可取。传播学研究的最主要目的是发现人类传播行为的规律，增加这方面的知识，一个有理论价值的传播研究，也一定是有应用价值的。反之，仅做实践应用而缺乏理论视角的传播研究则难以产生理论贡献。

这些特点也造成了大数据与新闻传播之间的矛盾，主要表现在三个方面：大数据的相关关系在新闻传播中进行因果关系的解读所构成的矛盾；数据的内在逻辑（去故事化）与新闻表达的逻辑在某种程度上相悖；大数据方法与新闻传播所要求的精确性之间也存在矛盾。

数据新闻的兴起和发展经历了三个阶段。第一阶段是20世纪50年代，计算机辅助新闻报道（CAR）产生，这是一种用计算机来收集和处理信息的一种新闻报道方式；第二阶段是20世纪60年代精确新闻的诞生，精确新闻由美国学者菲利普·迈耶提出，他主张将社会调查法应用到新闻实践中，用数据来说话，从而提高新闻的客观性和真实性；第三阶段是21世纪，数据新闻产生。

数据新闻具有如下特征：首先是新闻制作主体的多样化，不仅是专业的记者和编辑，任何掌握新闻数据并具备数据加工能力的人都可以制作数据新闻；其次，新闻制作流程发生了变化；另外，数据新闻多采用可视化的方式呈现；数据新闻以大众利益为出发点等。

总而言之，数据新闻是一个过程。从采集数据、过滤信息到可视化编辑，最后形成一个新闻稿。在这个过程中，数据新闻对公众产生的价值在不断提升。

但是，数据新闻做不好也会出现问题。因为它毕竟要通过人来制作，人做就会有差误、有观点和利益的渗透。正如丽莎·吉特曼在《原始数据只是一种修辞》中所提：“数据从来都不可能是原始存在的，因为它不是自然的产物，而是依照一个人的倾向和价值观念被构建出来的。我们最初定下的采集数据的办法已经决定了数据将以何种面貌呈现出来。数据分析的结果看似公正客观，其实价值选择贯穿了构建到解读的全过程。”所以在制作数据新闻时要注意以下几点。

首先，数据获取要全面。大数据≠全数据，大数据≠真数据，因此要从多方面获取数据，并且拿到元数据。所谓元数据，就是关于数据的数据。而且，因为数据自己不能说话，所以记者就需要借助一系列算法在数据中挖掘出意义。从数据进入现实世界是一个充满风险的过程，记者尤其需要保持谨慎的态度。算法不等于判断，相关不等于因果。例如，A 变量和 B 变量之间存在相关性，可能是 A 导致了 B，可能是 B 导致了 A，也有可能是另外一个因素 C 同时导致了 A 和 B 的变化。或者说，A 和 B 之间的联系只是一个偶然事件。大数据的特色在于呈现相关关系，但是因果则需要人来讨论。新闻报道的职责便是利用数据向读者解释世界。但从发现相关性到证明因果性，还需要记者严谨的逻辑推论。另外，虽然大数据可以处理常态下的相对短期内的预测，但是世界太过于复杂，复杂体系是无法预测的，例如生态系统、金融体系、社会体系都是无法预测的。因此，记者用大数据做预测性报道时，应该对自己运用的工具抱有几分怀疑，对现实世界再多几分敬畏。

二、数据新闻的国内外实践

（一）国外的数据新闻实践案例分析

ProPublica Tool&Data 频道，由 ProPublica 创办于 2008 年，曾于 2010 年和 2011 年两次斩获普利策新闻奖，成为第一家获得该项大奖的网络媒体。ProPublica 的第一篇数据新闻报道名为《奥巴马团队的信息披露文件》（*The Obama Team's Disclosure Documents*），于 2009 年 8 月 4 日发布。网站专门开辟了一个名为 Tools&Data 的频道，用来展示记者们创造的数据新闻作品，如今它已经成为美国数据新闻用户最活跃的网站。该频道对 100 篇数据新闻作品分别基于作品内容和呈现方式两种方法进行了分类，以便于用户可以快速地查阅相关作品。

Tools & Data 的数据新闻策略主要有：（1）创立数据商店，开放元数据。2014 年 2 月 26 日，ProPublica 上线了数据商店频道（Data Store），专门用来向用户分享数据集以及协助 ProPublica 的记者更好地进行数据新闻的制作。（2）成立专门研发团队，专注新闻应用作品。（3）鼓励用户参与，开启“众包新闻”模式。众包是指一个公司或机构通过互联网技术将过去由员工完成的工作分配出去，以此来发现创意或解决问题，是一种新兴的商业模式。将互联网“众包”模式具体应用到新闻传播业中，就是一个重要的创新。事实上，众包新闻就是利用公众的智慧和力量，共同来完成一个新闻调查计划。

（二）国内的数据新闻实践和案例分析

2009 年开始，国外的传统媒体和网络媒体都开始了数据新闻的探索，经过几年的摸索，有的媒体已经成立了专门的数据新闻团队，并且早已开辟了专门的数据新闻专栏，定期发布数据新闻作品。而中国利用大数据做新闻是近几年才刚刚起步的。2012 年前后，国内一些媒体受到了国外媒体的启发，利用“原有的新闻人员 + 数字化专家”这一已取得成效的经验，也开始尝试数据新闻的制作，例如三大主要新闻门户网站都开辟了利用数据解读新闻的栏目。但目前国内数据新闻还处于探索阶段，用静态图表呈现的方式较国外有一定差距；网络媒体走在传统媒体前面，较早开始了数据新闻实践，并向外媒一样，开辟了专门频道用以报道数据新闻；与此同时，还出现了传统媒体和网络媒体相结合的形式。2014 年春节期间，中央电视台和百度合作的“据说春运”“据说春节”等专题就是数据新闻的不错尝试，但还存在前文提到的大数据新闻报道时需要注意的问题，比如推论武断、数据获取不够全面等。而且，这种尝试只是偶尔为之，没有成为一个固定的栏目。

数据新闻的实践有三类。第一，综合性门户网站如搜狐的“数字之道”、网易的“数读”和新浪的“图解天下”。它们的共同点是议题大都是时下热点的社会新闻，与民众的生活息息相关，作品大都采用信息图的可视化方式。第二，专业的财经新闻网站如财新网的“数字说”。其特点是为读者提供了话题选择，并以矩形式树状结构图的方式在频道的右侧进行展示；议题大都与经济相关，辅以一些社会热点新闻，这与其财经媒体的定位有关，在内容上区别于三家门户网站；财新网还专门成立了一个数据新闻与可视化实验室，专门对数据新闻及可视化进行研究，每一个作品都采用多种多样的可视化方式。第三，非盈利的独立性网站如“政见”。

（三）国内外数据新闻实践的对比分析

数据新闻在英美等西方国家发展较成熟，在数据新闻制作和传播上较前沿的媒体和组织主要有英国《卫报》（*the Guardian*）、美国《纽约时报》（*the New York Times*）、芝加哥论坛报（*Chicago Tribune*）、华尔街日报（*Wall Street Journal*）、英国 BBC、美国 CBS 以及美国非营利性的调查性新闻报道机构 ProPublica 等。

相比较而言，国外数据新闻存在一定优势。首先，数据新闻制作团队更重视数据的收集和分析；其次，新闻报道更多地采用动态图表、数据地图等互动性强的表现方式；再次，国外媒体比较注重与读者的互动，并探索出了全新的互动方式。

国内数据新闻的不足主要表现在数据挖掘及分析不足、数据可视化表现方式单一、与读者缺乏交流、互动性不足几个方面。究其原因，国内新闻的数据开发力度不强、数据新闻方面的人才缺失、传统媒体的重视不够等因素均造成了国内数据新闻相对落后的局面。针对现存问题，国内数据新闻发展也有相应对策，首先媒体与政府及研究机构需要建立合作关系，同时应当加强数据新闻记者的培养，在高校开设相关数据新闻课程。

三、数据新闻的功能

数据新闻的功能主要体现在四个方面：第一，它可以更加宏观、清晰、直观地对复杂事件进行描述；第二，为受众判断新闻事实提供依据；第三，通过对大数据的分析，对新闻事件的发展趋势做出预测；第四，可以根据特定的主题进行新闻的定制。

（一）描述

数据新闻的首要功能就是用于描述，英国《卫报》关于阿拉伯之春发展的四维报道模式就是很好的例子。2012 年，英国《卫报》在《阿拉伯之春》这一新闻报道中，将大数据以可视化的、四维的、动态的图表呈现在受众面前，受众可以通过点击图表上的不同按钮，获取事件各个节点的不同信息，既能纵向地关注事件整体发展进程，又能深入了解任意节点的详细信息。《卫报》的这种报道模式，使得这场涉及十几个国家，历时一年的政治运动，实现了比纯文字描述更清晰直观的传播效果。此报道展现了大数据新闻对复杂事件的化繁为简的作用，能够“在宏观上对某个事件看得更加清楚与全面，事件复杂的演进过程以及这个过程中的各个方面，都能描述得直观且有趣。”①

在美国总统奥巴马就职之时，华盛顿邮报网站刊出十亿像素的照片，拼接了在他就职演讲 13 分钟内拍的 305 张照片，浏览者可放大查看细节。在这之中，网站给一些贵宾贴了姓名和头衔标签，网民也可添加标签。这种定制的大数据新闻体现了新闻游戏化趋势。

（二）判断

大数据新闻为受众判断新闻事实提供依据。以 2011 年 8 月《卫报》对伦敦市中心骚乱事件的报道为例，时任英国首相卡梅伦指出此次骚乱事件不是由于贫富差距造成的，但是受众在大数据图中便可发现，骚乱者的地址与骚乱发生的位置（点）与贫困地区分布图（颜色）相关联。

（三）预测

大数据新闻能够通过对大数据的分析，对新闻事件的发展趋势做出预测。如基于百度指数可对交通出行、旅游等趋势进行预测。

四、数据新闻可视化

数据新闻制作者在对数据收集、过滤、整理、分析的基础上，发掘数

---

① 冯兆．开采大数据——基于大数据新闻实践的现状及其发展的探讨［J］．新闻世界，2015（09）：109.

据关系，以此发现有价值的新闻主题，并以可视化的方式呈现。

可视化的数据新闻能够让受众快速、清晰地了解新闻内容，符合受众利用碎片化时间阅读新闻的习惯，也符合受众对于看图胜于读文的偏好。因此，数据新闻可视化的趋向得以出现。

然而，实践发现，数据新闻可视化存在如下问题：第一，缺乏因果关系的解读，一般只是呈现数据，缺乏深层次的解释和分析；第二，为统计而统计，缺乏内容的挖掘；第三，传播时间滞后，因为制作数据新闻需要时间；第四，国内数据源的开放性不足，造成了有时候数据资料的片面性；第五，数据的可信度低，影响了新闻的可靠性；第六，网民的代表性不足，网民不能代表全部的受众（图 7–2）；第七，基于大数据对人们状态和行为的预测、大数据和智能软件相结合，对受众隐私的暴露，让个人隐私无处藏身；第八，商家等机构可以基于大数据对人们的状态和行为进行预测等。

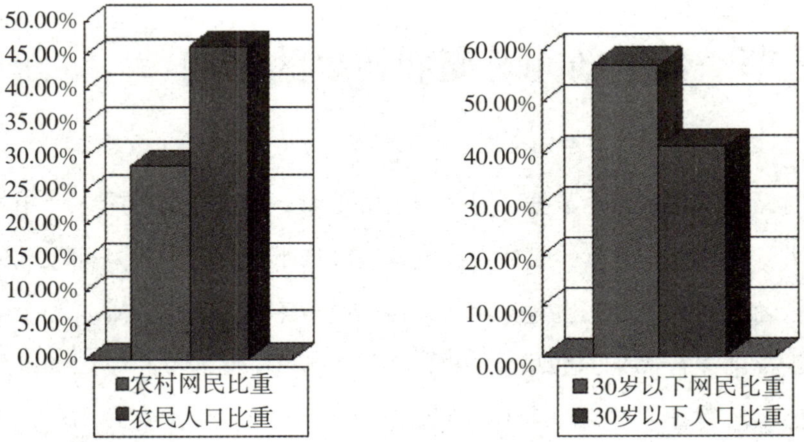

图 7–2　中国网民和总人口结构差异

数据新闻与可视化的关系为，数据新闻能够可视化，但是可视化未必都是数据新闻。

经总结梳理，数据新闻可视化可能用到的图表有：Cladogram（phylogeny）分支图、Color alphabet 色彩字母表、Dendrogram（classification）树状图、Information visualization reference model 信息可视化、Graph drawing 图形绘制、Halo（visualization technique）晕轮法、Heatmap 热力型地图、HyperbolicTree 双曲树、Multidimensional scaling 多维尺度分析、Problem Solving Environment 问题求解环境、Treemapping 矩形式树状图等。数据新闻可视化工具有：Excel、DataWrangler、Google Fusion Tables、Impure、Many Eyes、Google Chart Tools 等。

数据新闻可视化组织有美国佛罗里达波恩研究所（Poynter Institute）、麻省理工媒介实验室（MIT Media Lab）、斯坦福大学数据新闻项目、网络新闻协会（Online News Association）、国际新闻设计协会（Society for News Design）、计算机辅助报道研究所（National Institute for Computer Assisted Reporting）等。

第三节　数据新闻对商业传播的影响

财经报道较多使用数据、财务报表等信息，精确新闻也较多使用数据和图表，两者具有天然的相似性，精确新闻广泛应用在财经新闻领域，同时，精确新闻发展理念也随着经济领域的改革不断被新闻从业者和受众所接受，逐渐流行起来，如早在 1994 年，北京青年报等报刊媒体推出的北京市民生活质量千户调查和《公众调查》《公众焦点》专版集中报道市民的衣食住行、旅游文化消费等，最早正式冠以“精确新闻报道”的《1995 年，北京人你过得还好吗？》就是《中国青年报》基于调查，对 1995 年北京市民的经济生活进行盘点和汇总；我国台湾地区的新闻机构在 1983 年左右开始采用精确新闻报道，《联合报》和《中国时报》先后成立民意调查小组对财经、社会和政治问题进行报道[①]，精确新闻广泛地应用于描述社会经济生活、居民消费、经济增长等领域。

互联网时代大数据技术越来越广泛地应用在新闻报道和商业领域，从而让数据新闻与商业传播的关系更加紧密，数据新闻及其可视化对商业传播的影响主要表现在如下方面：

一、基于用户消费网络大数据的消费者行为研究

由于用户在使用很多产品或服务的时候借助网络进行，留下了“电子足迹”，利用大数据技术可以轻而易举地生成数据新闻，同时，这种数据新闻也可看作对用户消费行为的研究报告，方便商家了解消费者的需求偏好、分布和发展变化，这方面典型的例子是基于电子商务消费数据生成的数据新闻。央视财经频道于 2016 年 11 月 11 日推出大型直播特别节目“聚焦双十一网购狂欢节”，对“双十一网购狂欢节”10 个小时不间断移动直播，通过对“双十一”购物各个领域、方面的大数据的分析与可视化解读，揭秘全民狂欢购物节背后的意义[②]。阿里研究院拥有自身独特的电商交易数据，及时分析阿里巴巴网购平台上支出平均价格水平的变化和网购主流商品的一般物价水平变化。其独特的数据产品是一个展示中国淘宝村的分布情况的研究，可以在地图中展现全国的淘宝村、镇的位置以及其代表产业，从中可以看出网购带动的商业发展，在生成数据新闻的同时方便了企业了解其消费者分布和购物行为。

二、财经领域的机器人新闻写作

机器人写作是互联网技术对传媒产业的持续改变，还可能提升新

① 肖明．如何报道精确新闻——从《北京青年报》看精确新闻公布的规范性［J］．现代传播，2000（6）：39-42.

② 李慧芳．电视数据新闻的可视化表达——以央视财经 2016 双十一特别报道为例［J］．新闻世界，2017：69-72.

闻作品的时效性和精确性，推动新闻产品创新。写稿机器人正越来越多地走进新闻信息机构，新华社的“快笔小新”、第一财经的“DT稿王”、《南方都市报》的“小南”、今日头条的“张小明”、腾讯财经的Dreamwriter，以及美联社、《纽约时报》、《华盛顿邮报》、《洛杉矶时报》等国外新闻机构应用机器人写稿的消息频频见于媒体，成为新闻传播领域一支新生报道力量。

由于基于对海量数据挖掘分析和丰富数据库的依赖以及结构化和模式化的数据整合，机器人新闻写作较早应用于财经新闻写作中，写稿机器人已在财经金融信息领域采写行情、上市公司公告、财报、数据发布等稿件方面大显身手，从快讯、简讯到合成分析均有出色表现。而长效的研发与优化，业务需求与技术应用更加紧密，机器人写稿技术在财经金融信息采集中的应用，将从简到繁，循序渐进，不断深入和多样化。写稿机器人在财经金融信息领域大有可为得益于如下原因：第一，财经金融信息领域数据密集、频率各异、数据量大。财经金融信息领域数据丰富多样，宏观经济数据、行业经济数据、进出口数据、企业数据，外汇与货币市场、固定收益、证券、能源、商品及衍生品等各大市场的各类行情、报价、交易数据等，种类繁多，频率各不相同，既有实时的高频数据，又有每周、月度、季度、年度数据等低频数据，并且数据量大。第二，经济、金融数据的发布对金融市场的影响大，需要第一时间报道。在全球经济一体化趋势下，全球主要经济体的经济运行数据公布对外汇市场、证券市场、债券市场等金融市场有较大影响，对市场走势有一定指引，各财经金融信息服务机构在经济、金融数据的发布方面抢时效、拼质量。第三，财经金融数据的报道对准确度和时效性要求高，人工编写投入大，产出量不高，费时费力，并且单调枯燥。第四，经济、金融市场信息及数据的报道可规范化、格式化的内容较多。根据金融市场运行和监管规则的要求，经济、金融数据的公布遵循一定的国际标准或规范，在公布的时间、内容、格式等方面比较固定。经济、金融市场信息及数据的发布，具有定时定点发布、提前预知的特点。财经金融市场信息及数据的发布来源相对固定，这些特点都导致写稿机器人在财经新闻领域逐步得到广泛应用[①]。腾讯财经在2015年9月10日推出了第一篇由Dreamwriter写作的CPI报道[②]，2015年11月7日，新华社机器人写稿系统"快笔小新"正式运行。"快笔小新"实现了采编业务与技术手段的深度融合，适用于体育赛事、经济行情、证券信息等快讯、简讯类稿件的写作。

三、基于大数据的新闻对经济领域的报道

数据新闻尤其在财经新闻领域多有运用。国外知名财经媒体如彭博社、《金融时报》、《华尔街时报》、《经济学人》都进行了为数不少的财经数据新闻报道，而国内门户网站（如财新网）、报纸杂志（如《21世纪经济报道》）、电视也开设了财经领域的数据新闻栏目和内容，作为第一财经和阿里巴巴的混血结晶，DT财经是2015年刚刚成立的专攻数据的新媒体，数据融入其所有新闻实践的操作流程当中，并体现在每一件新闻作品当中[③]。数据新闻在财经报道中具有得天独厚的优势，主要表现在：第一，新闻内容的客观准确。数据新闻是指运用数据报道新闻，它依托大数据技术，对数据信息进行搜集和整合，从而分析数据所反映的联系和趋势，并通过多样化、共享性、可视化的方式进行新闻报道。数据新闻的特点主要是依靠数据来进行新闻生产，避免了个人情感的渗透，其客观性、准确度更强，能够得到受众的广泛认可和信服。在财经报道中，数据新闻这一突出优势得到了充分的展现，许多财经媒体都采用数据新闻的方式进行新闻报道。例如，财新传媒就将数据新闻运用到财经报道中，精准的题材选择，快速的数据搜集，客观的新闻报道，大大提高了财经报道的效率和准确度，

① 成玲丽."快笔小新"和她的伙伴们——机器人写稿在财经新闻信息领域的应用[J].中国记者，2017（3）：99-100.

② 王江涛.机器人新闻写作的局限与不足[J].传媒观察，2016（7）：12-15.

③ 王小乔.数据，让新闻精彩呈现——DT财经在数据新闻领域的探索与实践[J].传媒，2016，7（下）：21-25.

达到了良好的传播效果。第二，呈现方式的动态可视。数据新闻的呈现方式主要具有动态化、可视化特点，运用生动且具有特色的交互图表、图解新闻、时间轴等形式将枯燥的数据可视化呈现，能够迅速引起受众的关注。数据新闻能够通过大量的数据计算，借助可视化工具，动态直观地向受众呈现复杂的新闻事件，做到化“繁”为“简”，在增强了财经新闻的直观性、动态性和可视化的同时，也提高了财经报道的可读性和趣味性，让动态体验增强用户的互动参与。第三，新闻功能上的预测性。财经报道不仅需要海量的数据信息，同时还需要对数据进行深度挖掘和分析，发现表面数据背后所隐藏的深层含义。数据新闻恰恰能够满足财经报道的这一要求，它通过大数据技术，可以深层次挖掘数据背后的联系，分析事态发展趋势，从而进行预测性、前瞻性报道，为受众提供深层次、高价值的财经信息①。

受制于各种因素，财经领域的数据新闻也存在一些问题和发展的瓶颈，主要有：第一，预测性报道数量较少。借助对大数据的相关性分析预测未来，是大数据价值的首要体现。比如，亚马逊对消费者的购买记录进行了归纳整理，针对其偏好的书籍进行了估计。财经类媒体尤其应该多些对经济趋势、行业发展趋向的预测。但是目前的财经类数据新闻多停留在可视化信息图、数据新闻可视化层面，停留在对新闻现象的解读上，缺少对隐藏在数据背后的深层次发展趋势的预测报道，类似“十一”道路拥堵状况、黄金周旅游热点的预测类报道还相对偏少，财经数据新闻的价值还有待提高。第二，数据公开性差，来源受到限制。国外一些主流媒体获得数据的渠道比较广泛，收集比较便捷，既能够获得大量官方发布的数据，也可以通过开放和众包形式公开征集数据。国内受各种因素制约，信息公开程度比较低，信息的准确度和及时性得不到保证，来自互联网和新媒体的大数据客观公正性又相对比较差，导致数据新闻的核心资源数据得不到充分的收集、挖掘和分析。比如央视数据新闻的数据主要来自互联网公司，或者来自专

① 张东新．论数据新闻在财经报道中的运用［J］．新闻传播，2018（8）：118-120.

业的数据提供商，自身缺乏专业的团队和数据库，因此只能借助外部力量，而一旦与外部资源合作出现问题，其数据新闻发展就自然会停滞不前。第三，缺乏专业数据新闻人才。缺乏全能型的数据新闻人才是当前数据新闻发展的最大瓶颈。数据新闻的专业性和技术性非常高，要求单个人员同时具备新闻的敏感、数据的敏锐和技术的灵敏，在新闻技能上，要会策划新闻选题，洞察新闻内核，驾驭新闻结构；在数据技能上，要具备一定的数据收集、分析和挖掘能力；在技术技能上，要会编程和运用制图、视频制作等工具。同时，由于数据新闻大多是团队协作的工程，还需要参与者有良好的沟通、协调和配合素养[①]。

数据对商业传播的发展具有显著的驱动作用，数据新闻将大数据技术应用于新闻生成，商业传播也可以基于大数据进行商业分析，大数据构成数据新闻和商业传播间的桥梁，两者共同的服务对象是顾客（受众），商业大数据的整合可以形成数据新闻，从而报道商业行为，分析经济趋势，也可以为商业企业分析自身消费者提供方便，随着互联网、大数据技术的深入发展和融合，数据新闻和商业传播也将呈现进一步融合发展之势。

---

① 梁红玉．财经类数据新闻的现状与前景探析［J］．青年记者，2017（15）：51-52.

第八章 大数据与企业营销战略

第一节 数据库概述

一、营销理论基础的变化

随着时代的变化，营销理论也在与时俱进，传统的营销理论不断丰富成熟，营销理论中最重要的就是4P、4C和4R理论，从杰罗姆·麦卡锡的4P理论到劳特朋的4C理论再到舒尔茨的4R理论，期间的直复营销、整合营销和关系营销等都是建立在数据库基础之上的，强调要在企业与顾客之间建立起一种新型主动的、互动的、双赢的关系。

二战后，西方发达国家的生产逐渐恢复正常，各个国家GDP以15%—20%的速度高速增长，各行业产能过剩，卖方市场开始向买方市场转变，4P营销理论应运而生。20世纪60年代美国密西根大学教授杰罗姆·麦卡锡（Jerome McCarthy）提出4P理论，将影响营销活动的因素分为了两大类：一类是企业的不可控因素，如政治、经济、法律、竞争者和消费者；另一类是企业的可控因素，即产品（product）、价格（price）、促销（promotion）、渠道（place）四要素，成为经典营销组合模型。产品包含核心产品、实体产品和延伸产品，广义的产品可以是有形的实体，也可以是无形的服务、技术、知识或智慧等；价格的制定手段有竞争比较法、成本加成法、目标利润法、市场空隙法，这些方法的目标是使产品成为可交换的商品；促销是人员推广、广告、公关活动和销售促进；渠道是产品从生产方到消费者终端所经历的销售路径。4P 理论的核心就是企业在充分了解自身所处在的不可控因素条件下，合理对企业的可控因素进行组合，使得企业及时适应外部环境的变化。

20 世纪 90 年代，传统 4P 理论的营销方式使得消费者产生审美疲劳，于是企业规模化生产开始向个性化、多样化生产转变。美国学者劳特朋（Lauterborn）提出 4C 理论，4C 理论的基本原则是以顾客为中心进行企业营销活动规划设计，从产品到如何实现顾客需求（Consumer）的满足，从价格到综合权衡顾客购买所愿意支付的成本（Cost），从促销的单向信息传递到实现与顾客的双向交流与沟通（Communication），从通路的产品流动到实现顾客购买的便利性（Convenience），一切以消费者为中心，通过增加消费者满意度来培养顾客忠诚度。

进入 21 世纪，随着经济的进一步发展和相互间联系日益紧密，双赢思维兴起，在激烈的市场竞争中，4C 理论也遭受到质疑，因为 4C 理论是完全站在消费者的立场对企业的行为进行指导，将会导致过高的成本，因此，2001 年美国的唐 · E. 舒尔茨（Don E. Schultz）站在企业和消费者的角度提出 4R 理论，4R 包括关系（Relationship）、节省（Retrenchment）、关联（Relevancy）和报酬（Rewards），侧重于用更有效的方式在企业和客户之间建立起有别于传统的新型关系。

从 4P 理论到 4R 理论，营销理论的变化从以企业为中心向以消费者为中心发展。而随着互联网的兴起，数据库所起的作用也越来越大，数据库营销开始广泛应用于各个行业的市场营销。

二、数据库营销

数据库营销（Database Marketing，DBM）20 世纪 70 年代始于美国直

接信函及广告协会，到了 20 世纪 80 年代，数据库在美国、日本、西欧等国家和地区得到迅速的发展[①]。

数据库营销是建立在对数据进行采集、存储、处理、共享和应用的基础上，对海量用户数据的获取、存储、处理分析与应用就形成了企业的营销数据库，数据库营销的核心在于借助数据库的建立和分析准确了解用户信息，确定细分市场，进行有针对性的营销组合策略。

数据库营销包括数据库的建设和与之相适应的营销模式的结合，通过对数据的收集和分析，可以确定易打动的顾客及潜在顾客，与顾客建立起长期、高质量的良好关系，能在适当时机以恰当方式将必要的信息传达给适当的顾客，并有效地赢得顾客的欢心，让营销支持更加有效，增强忠诚度，并最终提升利润，为精准营销和建立良好的客户关系打下坚实的基础。

数据库营销的功能有宏观和微观之分。宏观功能包括市场预测和实时反应，利用“数据挖掘技术”和“智能分析”，在潜在的数据中发现盈利机会；微观功能可以分析每位顾客的盈利率。比如通用电气公司的消费者数据库能显示每个顾客的各种详细资料，保存了每次交易记录。他们可根据消费者购买家用电器的历史，来判断谁对公司和新式录像机感兴趣，能确认谁是公司的买主，并给他们送上小礼物，以争取下一次的购买。

数据库营销作为市场营销的一种新形式，具有以下市场竞争优势：可以帮助企业准确找到目标消费者群；可以有效地探测市场，发现新的市场机会，提供新产品、新服务；降低营销成本，提高营销效率；可以建立起与顾客长期高品质的良好关系，运用数据库经常与消费者保持沟通和联系。

但目前数据库营销也还存在一些问题，主要表现在数据库过于单一，数据源过于狭窄，有价值的数据不能有效地提供，企业往往只重视顾客数据库的建立而忽视产品数据库、竞争对手数据库、潜在客户数据库等数据库的建立；不能很好地利用数据库进行营销，仅把客户数据库当成通信录，

---

① 尚春．直效关系营销［J］．工商之友，2003（4）：28.

忽视对客户交易记录、客户参与公司活动的情况等更丰富的营销信息的收集和整理；滥用数据库营销，企业会向数据库中的所有名单邮件发送广告，这种做法很容易引起顾客的反感；数据库信息安全无法保障，在竞争激烈的市场环境中，企业很难保障消费者的隐私权。以酒店行业为例，目前在数据库营销方面存在很多问题，首先，无论是国内外，数据共享都是刚刚起步，中国的酒店内部数据化程度不算太高，数据壁垒、数据割据的现象也比较严重，并且基于外部数据应用做得也比较少，这是酒店行业相比其他行业发展稍显迟缓的主要原因之一。具体来说，酒店大数据分成三大块。一是酒店内部运营数据，基础的数据比较完善，IT 系统（如 CM、PMS、CRS 等）大多是割裂的；二是由于酒店行业是非常低频消费，因此酒店行业普遍欠缺用户级的数据，他们只看到了某一部分用户的某一个侧面的数据，而且数据重复度不高；三是企业外部的数据，包括来自互联网用户评论、广告、天气、商圈、用户出行、OTA 上的查询点击转化的数据，但酒店行业对外部数据的利用更是缺乏。其次，酒店服务业与上下游企业关系密切，但上下游的数据存在隔阂，酒店与出行结合在一起才有意义，这就需要把生态链打通，这也是酒店想要的，如在精准营销应用中，不知道客户进门后如何建立数字化的基数点，不知道客户从哪儿来。在运营管理上也同样缺少更多的数据来辅助管理者进行决策，大多数酒店并没有基于更多的外部数据来做应用管理，去感知竞争对手、感知行业态势。①

数据库营销的运作程序包括数据采集、数据储存、数据管理、寻找理想消费者、使用数据和完善数据等步骤。数据库的数据采集一方面是通过市场调查，消费者消费记录及促销活动的记录，另一方面是利用公共记录的数据，如人口统计数据、医院婴儿出生记录、患者病历记录、银行担保卡、信用卡记录等都可以选择地进入数据库；然后将收集的数据，以消费者为基本单位，逐一输入电脑，建立起消费者数据库储存数据；再运用先进统

① http：//www.baifendian.com/bigdata/413.html.

计技术，利用计算机把不同的数据综合为有条理的数据库，然后在强有力的各种软件支持下，使产品开发部门、营销部门、公共关系部门得到需要的任何详细数据库。根据使用最多类消费者的共同特点，用电脑勾画出某产品的消费者模型，具有哪些共同特点——比如兴趣、收入、专用某牌子的产品的一组消费者作为营销工作的目标，寻找到理想的消费者；最后是数据库的使用和数据的完善，数据库数据可以用于多方面：鉴定购物优惠券价值，决定该送给哪些顾客，开发什么样的新产品，根据目标消费者的特性，如何制作广告比较有效，根据消费记录判断消费者消费档次和对品牌的忠实程度，如特殊身材的消费者数据库不仅对服装厂有用，而且对于减肥药生产厂、医院、食品厂、家具厂都很有用，因此数据库不仅可以满足信息，而且可以进行数据库开发。随着从以产品为中心的消费者俱乐部、优惠券反馈、抽奖销售活动登记及其他促销活动而收集来的信息不断增加和完善，数据能够不断得到更新完善，从而及时反映消费者的变化趋势，使数据库适应企业经营需要。

具体到传媒领域，其数据库营销的运作通常要经历以下几个程序①：

（一）搜集数据，建立数据库

数据库通常应包括受众数据库、广告主数据库、产品数据库和竞争对手数据库。数据搜集通常有以下几种途径：传媒营销人员通过发放问卷、电话调查、面谈、促销附带等调查方法直接搜集受众和竞争对手的信息；传媒营销人员从传媒公司内部搜集各个时期的传媒产品销售记录、宣传促销活动记录及准受众数据；从各种专门的营销资料调查机构、信息服务中心、有关的政府机构以及各种行业协会组织等处搜集数据；通过接听传媒设立的对外联系电话、服务热线等登记受众的反馈信息及受众疑问等，传媒还可利用现代技术，通过以计算机语音集成技术建立起来的呼叫中心，从受众那里获取各种信息和数据；通过发行受众会员卡、VIP 老广告主卡，

① 李红秀.我国传媒的数据库营销状况分析[J].长江师范学院学报，2009，25(3)：41-46.

或成立受众俱乐部等方式得到有关消费者的详细资料；在信息的数字化和网络化飞速发展的今天，互联网是更方便、更有效率地获取信息的渠道。通过互联网建立数据库具有处理数据量大、能实现动态数据更新、便于远程维护、成本费用低、受众乐于主动加入等多种优点。传媒通常可以通过在其网站上设计一些能够引起受众注意和兴趣的表格，要求受众在注册为会员时填写并提交，还可以通过网站交易平台获得来自受众对传媒产品的评价与建议；通过传媒企业资源计划（ERP）等管理系统掌握每个交易受众的记录，尤其要掌握交易广告主的记录。

（二）分析数据，确定目标

数据分析主要是对受众的数据进行分析，简称受众分析。受众数据分析过程包括受众行为分析、重点受众发现和效能评估。首先将受众行为数据和效能评估的结果集中起来进行受众行为分析，挖掘重点受众；其次将对受众行为的分析结果以报表形式传递给营销专家；最后以受众提供的市场反馈为基础，再一次进行效能评估。

（三）数据库营销的使用

数据库营销使用包括根据数据库数据分析受众需求，进行准确的市场定位；根据数据库受众接触媒体的习惯，选择效果最优的广告形式；根据数据库中受众购买行为划分受众类型，实行差别化策略。

（四）维护和更新数据库

数据库建立后，对数据进行及时的更新维护更重要同时也更困难，受众数据库和广告主数据库应该是动态的，媒体应积极通过组建受众俱乐部和广告主俱乐部、电话、问卷反馈以及其他促销活动而搜集起来的信息，使数据库不断得到更新与完善。

三、数据库营销与精准营销

数据库营销是指一个组织利用其数据库技术创建一个广泛的内部数据

库，在充分掌握顾客需求信息的基础上进行的、以满足顾客需求为目的的市场营销行为[1]；精准营销是在精确定位的基础上，依托现代信息技术手段建立个性化的顾客沟通服务体系，降低企业成本，提高营销效率，实现精准营销企业需要精准、可衡量的营销沟通体系，在其中要注重结果和行动的行销传播计划。

数据库营销和精准营销的目的都是建立可量化的营销体系，降低企业成本，提高营销效率。数据库是精准营销的重要基础工具，数据库营销是精准营销的手段，精准营销是数据库营销的目的，通过数据库营销以实现营销低成本、高效率并且精准化是信息化背景下现代企业的必由之路。

第二节　数据库管理与企业营销

一、数据库营销成为企业市场营销的新方式

许多企业正将数据应用提升到新的水平，从而推动在市场营销领域实现根本性的变革。在企业整个营销活动中，信息的获取、存储、处理分析与应用在营销决策中起决定性的作用，而数据库营销就是经过数据采集、存储、处理等系统的顾客数据库资料的建立，准确进行市场的细分和定位，进而实施创造性、个性化的营销策略。

数据库对企业维护客户关系、开展营销具有重要的价值。首先，企业通过建立数据库，就可以不断增长原始数据，变成实用的信息和商业情报，增加信息的实用价值，并且利用数据库开展客户关系管理，运用数据来分析现有客户的情况，找出人口数据集人口特征与购买模式之间的联系，以

① 李红秀．我国传媒的数据库营销状况分析［J］．长江师范学院学报，2009，25（3）：41-46.

及为客户提供符合他们特定需要的定制产品和相应的服务，并通过各种现代手段与客户保持最为密切的关系，如对各客户档案和多组相关的数据进行组合分析，对特定客户的多次购买行为进行分析，识别各个客户的购买模式并做出反应，通过客户关怀提高客户满意度和忠诚度。

其次，数据库营销作为新的营销形式，包含了关系营销的观念，着重于给顾客提供全方位的持续的服务，从而和市场建立长期稳定的关系；同时和现代信息技术、网络技术相结合，利用计算机信息管理系统（MIS）来充分地建设和利用客户数据库，强大而完善的数据库是未来网络营销和电子商务的基础。

顾客关系管理（Customer Relationship Management，CRM）指的是把各个渠道传来的客户信息集中在一个数据库里，企业各个部门共享这同一个客户数据库。发生在每个客户上的所有接触，无论是顾客何时索要过公司简介，还是顾客是否曾经购买过某一规格的产品都记录在案，企业所有部门的人员都可以很轻易地查询到这些数据，并使顾客得到整体的关怀。CRM 系统的基础就是一个数据完备、功能完善的客户数据库。

数据库营销是顾客关系管理（CRM）的基础。CRM 系统主要包括销售自动化（Sales Force Automation，SFA）、营销管理、客户服务和支持、客户呼叫中心、网络功能等模块，它的实质是充分发挥市场、销售、服务三大部门的作用。

企业和经销商、特约维修站之间的联系就是一个共同体，这三者之间的维系的途径就是顾客服务系统，系统的前台是 CRM，后台就是营销数据库。CRM 和营销数据库分别与企业、经销商和维修站连接，企业和经销商连接，企业和维修站连接，维修站和经销商连接①。

二、数据库营销中常用的数据挖掘方法

数据库营销中常用的数据挖掘方法包括描述型的数据挖掘和预测型的

① 张亚珍. 顾客关系管理系统中数据库营销的应用研究［J］. 长春大学学报，2009，19（8）：42-43.

数据挖掘。

描述型数据挖掘是指对数据进行总结，进行数据的泛化，在泛化的基础上对数据进行高层次的处理，具体可分为数据总结、聚类分析、关联分析。

数据总结的目的是对数据进行浓缩，给出它们的紧凑描述。如计算出数据库各个字段上的总和值、平均值和方差值等，或者用直方图、圆形图等图形方式表示，以实现数据的可视化。

聚类分析的目的是根据一定的规则，把样本按照相似性归成若干类别，即“物以类聚”，使得属于同一类别的样本之间的距离尽可能地小，而不同类别上的样本间的距离尽可能地大，在对样本合理划分后，对不同的类进行描述。与分类分析法不同的是，聚类法的样本集是一组未标定的记录，即样本还没有进行任何分类。聚类通常用于将客户细分成不同的客户群，如有相同爱好的客户群。聚类方法包括统计方法、机器学习方法、神经网络方法和面向数据库的方法，例如银行如果要进行一次直接邮递推广活动，我们可以根据对目标市场客户群体的聚类分析使得目标客户更加具有针对性，只寄出少量的信件，就可得到很高的回应率。由于避免了传统的撒网式促销，虽然减少了直接邮递的数量，却能增加盈利。

关联分析是指通过关联规则挖掘寻找大量数据中项集之间的有趣联系。它的主要应用领域是购物篮分析，也可对市场促销活动的有效性进行挖掘。在实际情况下，一种更有用的关联规则是泛化关联规则。因为物品概念间存在一种层次关系，如夹克衫、滑雪衫属于外套类，外套、衬衣又属于衣服类。有了层次关系后，可以帮助发现一些更多的有意义的规则。由于商店或超市中有成千上万种物品，平均来讲，每种物品的支持率很低，因此很难发现有用规则，但如果考虑到较高层次的物品，其支持率就较高，从而可能发现有用的规则。例如银行的交叉销售方式就是建立在关联分析的基础上的，银行利用关联分析方法分析客户的交易行为与其他属性，如客户的年龄、性别、教育程度、职业等的关联关系，即寻找影响客户交易行为的因素，并建立预测模型对客户将来可能发生的交易行为进行预测，分析哪些客户最有可能对银行的服务感兴趣，会对哪些金融产品感兴趣，哪些理财产品或服务通常会一起发生在同一次交易里，从而实施有效的交叉销售，提高银行的客户价值。

预测型数据挖掘是根据已知目标变量值的历史数据，来建立预测模型，具体包括分类、回归、时间序列分析等方法。

分类能将数据库中的数据项映射到给定类别中的一个。分类方法在人们的日常生活和商务领域中普遍存在。如根据财务状况等资料将公司信用分为 A、B、C 级。分类定义了一种从属性到类别的映射关系，给定样本的属性值，根据已知的模式将其划分到特定的类中；回归分析能通过具有已知值的变量来预测其他变量的值，如对商品的销售量、股票价格、产品合格率等，找到有效的方法进行预测，Logit 模型是常用的模型；时间序列分析是用变量过去的值来预测未来的值。时间序列采用的方法，一般是在连续的时间流中截取一个时间窗口，窗口内的数据作为一个数据单元，然后让时间窗口在时间流上滑动，以获得建立模型所需要的训练集。序列模式分析和关联分析类似，其目的也是为了挖掘数据之间的联系，但序列模式分析的侧重点在于分析数据间的前后序列关系。它能发现数据库中形如“在某一段时间内，顾客购买商品 A，接着购买商品 B，而后购买商品 C，即序列 A、B、C 出现的频率较高”之类的知识。比如酒店可以用数据挖掘进行交叉营销，由于酒店与出行的上下游关系，可以根据客户属性多维度地进行刻画，将不同维度的属性与酒店消费行为进行交叉、关联，比如在获得航空公司等上游的信息后，精准推荐匹配的酒店；酒店还可以根据客户的商品消费数据，在进店后进行捆绑销售、搭配销售相关产品；通过历史数据，分析出关联数据，如情人节红酒的销量明显增长，酒店还可以提前做到预测。

第三节 大数据时代的企业营销

一、海量数据与企业营销

海量数据具有以下特性：（1）数据量大，通常达到TB级的数据；（2）数据类型复杂，面对的海量数据常常不是单一类型的数据——字符数据、文本数据、多媒体数据，甚至是源源不断的数据流等；（3）多模态数据，对于一个事物，得到的数据可能是通过不同的方式或角度收集到的，如多模态的视频数据，包括字幕、音频和图像等模态。因此，对海量数据的获取、存储、处理与分析需要更高的软硬件支持，需要更新的技术出现。

海量数据广泛应用于企业、政府和个人，企业、政府、个人都需要海量数据支持来帮助其规划、分析、决策、管理。随着计算机性能的迅速提升和云计算模式的推广，高性能的数据分析计算已广泛应用于企业、政府和个人，应用情况主要表现在以下三个方面：企业利用海量数据进行量化研发、知识库管理和智能设备研发；精细生产、供应链管理和提高管理效率；精准营销、数据库营销和优化定价；为商业决策制定参考；政府利用海量数据管理知识库；提高管理效率、危机灾难预警、发现弱势群体、打击违法犯罪；界定税收对象、优化税率；政策法规制定参考；个人利用海量数据进行知识技能学习、社交管理、购物参考或者求职。

管理数据爆炸、海量数据存储、从海量数据中提取知识、归纳数据使得人类易于理解和反馈是目前人们面对海量数据时需要解决的几大问题，由此形成了以解决上述问题的产业链。海量数据产业链包括从数据获取到数据存储、处理与分析以及数据应用，涵盖了从硬件到软件到服务的一整套产业链系统[①]。

① 石寒舟．海量数据处理［J］．计算机光盘软件与应用，2012（16）：125.

二、海量数据在各个行业的应用

海量数据为不同行业提供了新的市场机遇，各个行业应用数据库营销提升了市场竞争力，提高了市场份额。

在传媒行业，报社在原有订户资源管理系统基础上，可通过新的渠道和方式不断扩大读者数据库规模。一方面可以通过读者数据库的精确分析将读者进行二次甚至多次细分为不同需求类别的读者提供新闻定制服务和其他相关资讯服务，同时还能根据数据库的不同读者群为不同广告客户进行精确的广告传播。《华尔街日报》的个人版，就是根据个人爱好的新闻标题、题材、风格的种类设计报纸内容；《芝加哥论坛报》采用多媒体平台聚合的新闻中心模式，为明确读者的需求和喜好，该报开发实时流量监测（Real-time Traffic Metrics），实时监测网上新闻被点击情况、每一条新闻在社交媒体上的转发情况等信息，并生成图表，在每天早晨的编前会上，各部门负责人就查看这样的图表，以了解受众最关心的新闻，做到有的放矢地满足受众；该报还开发“数码新闻港”（Digital Hub），根据受众需要在不同时间，向不同介质的媒体上发送新闻提要或全文。约 3000 万条记录数据库，在好莱坞影片上映之前就能利用海量数据和特定算法预测出一部电影的票房。

在金融行业，随着外部环境多变，银行业务不断创新，借助大数据技术，可以将客户关系和风险管控量化到银行的每位客户，在深挖现有客户、规避高风险客户的同时，获得大量的潜在优质客户。比如宁波银行通过多来源数据整合，在直销银行、App 等电子渠道部署数据采集工具，详细记录用户访问、浏览、交易等用户行为，结合该银行内部账户、交易活动等数据，进行多来源数据整合及相关的数据处理，将原始数据转化为可供使用的标准格式数据。采用用户 ID 拉通算法，将散落在银行内部各部门、各渠道以及外部第三方的用户信息，通过标识 ID 进行唯一身份打通，标识 ID 包括身份证号、手机号、E-mail、IMEI、银行账户、官网注册名等，通过ID拉通，识别该银行不同渠道上的同一用户，为全方位用户画象奠定基础。然后采用合适的标签建模方法，优化后的标签不仅包括用户属性等基础类标签，还包括银行产品、渠道、风险偏好、贡献度、交易行为等统计类、衍生类标签，通过标签构建用户画像。通过用户画像标签系统，宁波银行得以深入了解现有及潜在客户的特征和需求，而通过各类营销模型的应用，宁波银行可通过大数据支撑存量客户营销、交叉销售、精准营销等各业务场景，智能的管理和挖掘现有客户价值，同时快速拓展潜在新客户。①

三、海量数据对企业市场营销管理的影响

由于海量数据具有数据量大、数据结构复杂和数据模态多样化的特点，使得企业在市场信息获取上面临着更大的挑战，一是企业面临的外部宏观和微观环境的市场信息可能以文本、视频等多种类型存在；二是信息量随着互联网的普及和电子商务的发展正在迅速递增；三是传统市场调研方式可能已经过时，需要借助新技术采用基于互联网的新调研方式；四是消费者消费理念和偏好在网站浏览、微博等以不同的方式展现出来。这使得市场信息的准确定位和获取，犹如大海捞针，从而催生了企业数据库的建立和完善，为数据库营销奠定了基础。此外，并非所有数据都对企业有用，这就需要对信息进行甄别，否则就容易出现“信息超载”现象。

由于企业内部业务每天生成大量的数据，加之外部的海量二手数据和互联网上海量用户的数据和信息的不断爆炸，对海量数据进行存储成为企业面临的一个难题。这就涉及数据的安全性、可靠性问题，这对企业市场营销信息系统的软件和硬件都提出了更高的要求。

及时准确地从海量数据中提取信息和知识，为企业的营销决策提供支持，是企业各个部门对营销信息系统的要求，这就需要对海量数据进行处理和分析。数据仓库、数据挖掘技术等成为当前的热门技术，而当前对海

① 引自百分点：http：//www.baifendian.com/cases/183.html.

量数据的处理大多利用机器集群和并行化技术，并出现了高性能计算、网格计算、云计算等方法，这些对企业信息和数据的安全性提出了严峻的挑战，同时，这对企业信息系统的软件提出了更高的要求。此外，企业也可利用掌握的海量数据进行实验，从而提高新产品研发的成功率。

通过上述几个环节，企业可以将分析得到的数据用于企业市场营销管理的过程，从而把握市场机会、确定目标市场、进行新产品开发、拟定企业的营销战略和营销组合策略，并保证整个营销活动得到有效的计划、组织、执行和控制①。

案例——沃尔玛和 ZARA 如何了解消费者偏好进行营销②③

一、案例介绍

1. 沃尔玛如何了解消费者

2011 年 4 月，沃尔玛以 3 亿美元的高价收购了一家擅长分类社群的网站 Kosmix。Kosmix 不仅能收集、分析网络上的海量资料（大数据）给企业，还能将这些资讯个人化，提供采购建议给终端消费者（若不是追踪结账资料，这些细微的消费者习惯很难从卖场巡逻中发现）。这意味着，沃尔玛使用的大数据模式，已经从“挖掘”顾客需求进展到能够“创造”消费需求。

沃尔玛本身就是一个海量资料系统，适用于各种商业上的分析行为，它庞大的综合功能把资讯应用提升到了新的境界。作为世界最大的零售业巨人，沃尔玛在全球有超过 200 万名员工，总共有 110 个超大型配送中心，每天处理的资料量超过 10 亿笔。由于资料量过于庞大，沃尔玛的大数据系统最重要的任务就是在

① 宋宝香 . 数据库营销：大数据时代引发的企业市场营销变革［J］. 价值工程，2012，30.

② 刘珊 . 大数据与新媒体运营［M］. 北京：中国传媒大学出版社，2017：127–128.

③ 中文互联网数据资讯中心 . 看沃尔玛、ZARA、Target 等零售企业如何利用大数据？［EB/OL］.http://www.199it.com/archives/200723.html，2014–03–09.

做出每一个决定前，将执行成本降到最低，并且创造新的消费机会。

Kosmix为沃尔玛打造的大数据系统被称为“社交基因组”（Social Genome），连接到Twitter、Facebook等社交媒体。工程师根据每天的热门消息推出与社会时事相呼应的商品，创造消费需求。分类范围包含消费者、新闻事件、产品、地区、组织和新闻议题等。同时，针对社交网络快消息流的性质，沃尔玛内部的大数据实验室专门开发了一套追踪系统，结合手机上网，专门追踪管理庞大的社交动态，每天能处理的资讯量超过10亿笔。

“社交基因组”的应用方式五花八门。举例来说，沃尔玛实验室的内部软件能从Foursquare平台上的打卡记录，分析出在黑色星期五，不同地区消费者最常购买的品项，然后，针对不同地区送出购买建议。沃尔玛电子商务总监拉詹曼分析，Facebook和Twitter的力量庞大到难以想象，“我们如果能透过社交网站的大数据，掌控消费者行为，我们就能以此重新定义消费的方式”。

2. ZARA如何获取消费者线上线下的丰富数据

（1）实体店的线下数据搜集：把消费者声音化成数字。

ZARA的柜台和店内各角落都装有摄影机，店经理随身带着PDA。当客人向店员反映“这个衣领图案很漂亮”“我不喜欢口袋的拉链”这些细枝末节的问题时，店员会向分店经理汇报，经理通过ZARA内部全球资讯网络，每天至少两次传递资讯给总部设计人员，由总部做出决策后立刻传送到生产线，改变产品样式。

关店后，销售人员结账、盘点每天货品上下架情况，并对客人的购买与退货率做出统计。再结合柜台现金资料，在交易系统中做出当日成交分析报告，分析当日产品热销排名，然后，数据直达ZARA仓储系统。

收集海量的顾客意见，据此做出生产销售决策，这样的做法大大降低了存货率。同时，根据这些电话和电脑数据，ZARA 分析出相似的“区域流行”，在颜色、版型的生产中，做出最接近客户需求的市场区隔。

（2）线上数据搜集：以线上店为实体店的前测指标。

2010 年秋天，ZARA 一口气在六个欧洲国家成立网络商店，增加了网络巨量资料的串联性。次年，ZARA 分别在美国、日本推出网络平台，除了增加营收额，线上商店强化了双向搜寻引擎、资料分析的功能。线上店不仅回收意见给生产端，让决策者精准地找出目标市场；也向消费者提供了更准确的时尚讯息，双方都能享受大数据带来的好处。分析师预估，网络商店为 ZARA 提升了至少 10% 的营收额。

此外，线上商店除了完成交易行为，也是活动产品上市前的营销试金石。ZARA 通常先在网络上举办消费者意见调查，再从网络回馈中撷取顾客意见，以此改善实际出货的产品。

ZARA 将网络上的海量资料看作实体店面的前测指标。因为会在网络上搜寻时尚资讯的人对服饰的喜好、对资讯的掌握，以及催生潮流的能力，比一般大众更胜一筹。再者，会在网络上抢先得知 ZARA 资讯的消费者，进实体店面消费的比率也很高。ZARA 所选择的迎合网民喜好的产品或趋势，在实体店面的销售成绩依旧亮眼。

这些珍贵的顾客资料除了应用在生产端，同时被整个 ZARA 所属的英德斯（Inditex）集团各部门运用，包含客服中心、行销部、设计团队、生产线和通路等。各部门根据这些巨量资料，制作形成 KPI，完成 ZARA 内部的垂直整合主轴。

ZARA 推行的海量资料整合获得了空前的成功，后来被 ZARA 所属的英德斯集团下八个品牌学习应用。可以预见未来的时尚圈，除了台面上的设计能力，台面下的资讯/数据大战，将是更重要的隐性战场。

二、案例分析

在新媒体环境下，用户在线上、线下活动都留下痕迹，尤其在社交媒体上留下了大量的信息和数据，这些“电子足迹”类型非常繁杂，且多属非结构化数据，传统的数据处理办法很难从中挖掘出数据的价值，大数据技术能很好地解决这一问题，这为企业了解并满足用户需求提供了良好的契机。

大数据对企业的商业价值主要有：

1. 对顾客群体细分

“大数据”可以对顾客群体细分，然后对每个群体量体裁衣般地采取独特的行动。瞄准特定的顾客群体来进行营销和服务是商家一直以来的追求。云存储的海量数据和“大数据”的分析技术使得对消费者的实时和极端的细分有了成本效率极高的可能。

2. 模拟实境

运用“大数据”模拟实境，发掘新的需求和提高投入的回报率。现在越来越多的产品中都装有传感器，汽车和智能手机的普及使得可收集数据呈现爆炸性增长。Blog、Twitter、Facebook和微博等社交网络也在产生着海量的数据。

3. 管理客户关系（CRM）

客户管理应用的目的是根据客户的属性（包括自然属性和行为属性），从不同角度深层次分析客户、了解客户，以此增加新的客户、提高客户的忠诚度、降低客户流失率、提高客户消费等，比如在群朋友圈里发布新产品预告、特价销售通知，完成售前售后服务等。

4. 个性化精准推荐与搜索

在运营商内部，根据用户喜好推荐各类业务或应用是常见的，比如应用商店软件推荐、IPTV视频节目推荐等，而通过关联算法、文本摘要抽取、情感分析等智能分析算法后，可以将之延伸到商用化服务，利用数据挖掘技术帮助客户进行精准营销，能搜索各种社交网络、用户行为等数据。

通过对消费者线上线下行为痕迹的收集，尤其是海量“电子足迹”的收集和分析，为了解消费者偏好、进行消费者画像提供了数据支撑，也方便了对消费者的市场调研，并且这种分析由于是基于消费者留下的信息而不需花费很大成本，提高投入回报率，可以说是一种性价比很高的了解消费者的方式，将随着互联网的进一步发展会越来越广泛地应用在消费者研究领域。

第九章　媒体、政府和企业的关系

第一节　中国公共关系的发展

一、从企业公关到政府公关

美国是公共关系学的发源地，美国的公共关系发端于政党政治，它经历了由政党、政府公关到政党、政府公关与营利性组织及其他非营利性组织公关并行发展的过程。我国对公共关系的引进，起始于美国公共关系职业化（商业化）以后的发展时期，这反映了改革开放初期我国企业转轨变型带来的新的需要。如今，随着改革开放的深化，我国经济持续稳定发展以及政治体制改革的推进，政府公关、国家形象建构方面的需要日渐凸显。而在不断满足这些需要的过程中，我国公共关系必将经历从企业公关到政府公关的发展历程，这是公共关系在中国发展的必由之路。

改革开放 40 年来，我国的经济、政治体制均发生了重大的变化，一系列新的社会需求也应运而生。改革开放初期，政府对企业松绑放权，使之成为独立的经济实体，开始面向消费者、面向市场，从而使维护消费者关系成为企业第一位的需求；随着改革开放的深入以及社会民主化程度的提高，政府职能转变得以实现，与此相应，建立良好的公众关系、树立服务型政府的形象就成为政府方面的迫切需要；此外，中国经济的快速发展及其国际化程度的不断提高，中国需要取得国际社会的理解、信任和支持，消除来自各方面的误解与偏见，为自己的发展创造有利的外部环境。在这种情况下，向世界说明中国，在全世界树立良好的国家形象，政府公关和国家形象传播又成为国家层面上最大的需求。企业推动公关的需求，是与改革开放相伴随并延续至今的需求，政府、国家层面上树立形象的需求，则是改革开放进一步深化所带来的新的需求。目前，这两方面的需求正呈上升之势，而帮助政府完善服务机制，树立亲民、务实的形象以至良好的国家形象，公共关系责无旁贷。除此之外，公关关系正在理念上被各行各业接受，各行业组织、非政府组织甚至个人均通过各种手段推行公关关系建设。这就为中国本土公共关系理论研究者和从业人员提出了新的任务，在关注企业形象的同时，更多地关注政府以及国家形象的建构问题，将公共关系的策划与管理提升到国家决策层次。

二、新媒体背景下企业公关和政府公关的转变

随着互联网和移动互联网技术的成熟和进一步普及，新媒体形式不断涌现，信息的传播渠道更加多元化，媒体融合的大背景下，立场不同和关注点迥异的媒体承担起对同一信息共同传播的责任。新媒体，尤其是社交媒体呈现以下特点：首先是时效性强，智能手机的普及使得新媒体的使用更加低门槛化、便携化，相对于传统媒体制作周期和信源的限制，新媒体信息传播能在事件发生后及时更新，甚至能与事件现场同步直播，事件进展的第一手信息包括图片、视频等往往是在微博、微信等社交媒体上发布的，信息的传播速度大大加快了。其次是交互性，微博等新兴社交媒体打破了原来自上而下的信息传播模式，受众不仅是信息的接收者，还是信息的主动传播者，人们可以在社交平台上就事件进行互动、评论、转发，信息借由社交关系网络形成裂变式传播效应，极大地扩散了信息传播范围。信息传播系统中传统的权威被削减，网民和意见领袖的话语权增强。最后

是匿名性，网络匿名性带来了传播主体的多元化和传播内容的复杂化，在新媒体平台上，匿名性的表达吸引更多人参与事件的讨论，由于不同传播主体价值观的多元化，发表的观点鱼龙混杂，极易产生谣言，信息的真实性难以把控。因此在新媒体环境下，新媒体尤其是社交媒体的角色也由以往信息的传播者，向信息披露的首发人转变；由沟通工具向事件参与者的角色转变。

新媒体的快速发展也给企业和政府带来了新的契机和挑战。新媒体让公众有了可以快速分享内容的环境，裂变式的传播效应虽然能够极大地提高企业和政府公关传播的影响力和作用，但是如果把握不好度，也会令企业发生重大的公关危机。同时，新媒体自下而上的传播方式为大众提供了一个很好的和企业政府沟通的渠道，公众可以通过企业和政府的官方网站、论坛、官方微博、官方微信公众号与企业、政府沟通交流，实现互动。如果不能很好地利用新媒体实现信息公开，政府和企业也很容易陷入舆论危机。另外，意见领袖也为公众与政府、企业的沟通起到了很大作用，政府、企业不与意见领袖建立良好的关系，可能会损害公共形象。

第二节　企业发展和政府的关系

一、媒体、企业和政府的关系

媒体、企业和政府形成三角关系，一方面，媒体对企业具有一定的监督作用，政府部门的介入会推动这种监督和治理职能的发挥。例如，针对我国上市公司高管薪酬中“天价薪酬”与“零薪酬”等薪酬乱象并存的背景，媒体发挥了一定的监督职能，存在薪酬乱象的公司更容易被媒体当作负面新闻曝光，然而，这种监督职能并不能促使公司高管薪酬趋于合理，唯有在政府及行政主管部门介入的条件下，媒体监督职能的发挥才能转化为治理功能。“天价薪酬”与“零薪酬”等薪酬乱象极易吸引读者眼球，具有很高的新闻价值，媒体自然会愿意投入大量人力、物力、财力去发掘相关公司的负面新闻，这使得媒体的监督职能得以发挥。然而，由于媒体通常并不能直接影响上市公司，这就决定了媒体作为一种外部治理机制，往往只能间接地、利用媒体之外监督机制或声誉机制去影响、帮助公司改进治理。当媒体之外监督机制或声誉机制并不能充分发挥作用时，媒体监督职能的发挥并不能必然地转化为治理功能。在我国资本市场特殊的制度背景下，媒体借助政府这个“路径”，最易达成治理功能；另一方面媒体对企业的报道可以促进企业的信息披露水平，政府部门对信息公开的监管力度能显著提高企业的信息披露水平，并增强舆论监督对企业信息披露的促进作用。例如，针对污染行业上市公司年报中环境信息披露情况，可以从媒体对其环境表现报道以及当地政府对环境信息公开监管之间的关系来看媒体、企业和政府的关系。首先，企业环境信息披露是环境保护活动的一个重要方面和制度保障，舆论监督能在其中发挥重要的作用，媒体报道倾向性所体现的舆论压力有助于推动企业的环境信息披露，进而督促企业改善其环境表现；其次，各地政府对环境信息公开的执行力度能为所在地区营造一个鼓励环境信息披露的氛围，使得舆论监督能在该地区发挥更积极的作用；同时，政府对环境信息公开的监管作用在直接管理企业的环境信息披露之外，还可以调动社会和公众的参与和监督，为环境民主提供制度保障。

二、媒体与政府的关系

随着媒体与政府关系之间的变化，政府对待媒体的态度也经历了很大转变。首先表现在从过去的被动应付转变为积极应对，从新中国成立后到20世纪80年代初，中国社会管理模式是一种权力相对集中的政府管理模式，政府与媒体之间是管理者与被管理者的上下级关系，“喉舌说”“工具说”

是我国对媒体属性的主流认识。改革开放以来，随着市场经济的发展和政府职能的转变，在社会公共事务管理中，媒体的重要性日益凸显，呈现出不同于传统体制下媒体的新特点。媒体逐渐增强了信息传播功能，逐渐成为社会最有效地传达、动员和组织的载体和工具。政府与媒体的关系发生了很大的变化，管理与被管理已不能反映两者的关系，政府越来越多地受到媒体带来的挑战，必须从过去的被动应付转向积极应对。

政府也在逐渐转变职能和运行方式，传媒转制为企业以利于产业经营，其社会功能的全面发挥关键在于政府如何引导和管理。在媒体产业化经营和深化行政管理体制改革的新形势下，政府职能和运行方式的转变对促进媒体产业化经营意义重大；正确认识媒体属性和运营规律，也是我国政府深化传媒管理体制改革的前提和关键。变革中的政府政治、经济和社会职能仍需加强与媒体的联系和对媒体的管理，而媒体也能够以企业组织形态经营，以利于产业化发展和全面实现其政治、社会功能。

近期内政府仍是媒体转制的主导者。从社会经济层面看，政府与媒体宏观上应是管理者与被管理者的关系，微观上是服务者与接受服务者的关系，在微观经济运行中，政府既要服务于媒体运行，又要对它们的运行进行适度干预；从社会政治层面看，我国媒体是政府公关的最佳途径，政府又是媒体舆论监督的主要对象之一。

政府处理好与媒体的关系，既要加强对媒体的管理，又要接受媒体的监督；既要通过媒体了解社情民意，又要牢牢掌握舆论主导权；既要让媒体为我所用，又要为媒体提供服务；既要尊重媒体的新闻自由，又要防止媒体权力的异化；既要推动媒体产业发展，又要避免市场带来的低俗化倾向；既要开放境外媒体采访，又要抢占世界舆论的话语权。

三、企业与政府的关系

政府和企业是现代社会两大最有力量的公共机构，两者之间即政商关系既有合作也有竞争，既有友好也有对立的时候。在传统意义上，政府与企业的相互地位通常被认为是控制–依附型关系，政府处于绝对的主导地位。政府在应对企业中行使着一系列重要的权力，范围从征税到规章。反之，企业依赖于宪法的保护，并在充当创造收入、就业和物质生活标准的基本角色中依赖公众支持。

政府可以利用很多政策工具来干预与影响企业组织，如管制、税收、货币政策等形式。政府对于企业的干预主要是致力于研究社会发展与经济的可持续发展之间是否平衡，然后通过制定或修改法律法规、规章和政策来影响、制约产业与企业组织。

过去政府和企业之间的关系存在以下一些问题：一是政府部门相关管理人员延续计划经济时期的传统做法，对企业尤其是国有企业的日常经营管理进行细致微观的干预，有的干预甚至是在产业政策的名义下实施，特别具有法理正当性；二是运用行政权力对企业区别对待，破坏企业之间公平竞争的市场环境；三是基于政策庇护而来的政商之间的市场共谋和利益勾兑；四是出于对因边界模糊而致政治风险的恐惧而出现的政商“背对背”的疏离现象。[①]

2016 年，中共中央总书记习近平在参加政协讨论时，首次提出要构建“亲”和“清”的新型政商关系。政商关系包括政府与市场、政府与企业、中央与地方政府、官员与商人等几个方面的关系，其中政府与企业的关系就是政商关系的重要方面。新型的政府和企业的关系应该包含以下几个方面：首先，政府和企业的行为都要遵循市场经济的基本规律。其次，政府具有推动经济发展的积极责任，要为企业发展提供良好的政策支持、制度环境和公共服务。再次，政府和企业之间地位平等、职责分明、各司其职，共同接受法律的约束；然后，政府与企业应加强在履

① 徐邦友．新型政商关系的重构——基于政商关系的历史分析［J］．中共浙江省委党校学报，2017（5）：84–91.

行社会责任方面的合作与协调。最后，政府与企业应密切合作，共同谋求国际竞争力。[①]

现代政府与企业的关系应该是相互的、互动的，政府与企业之间具有五种关系：规制和服从的关系、催化和反应的关系、示范和跟从的关系、认同和归依的关系、合作伙伴关系。由于市场全球化的进一步发展，社会经济的主体必将由企业组织担任，而政府也必然将重心从过去的关起门严加管制转变为建立和保障更广阔的市场环境以促进企业良性发展。同时，全球化的趋势以及企业自身规模不断地扩张，企业生产与经营领域也会跨越国内边境而走向国际市场，国内政府的影响力必然减弱，国际贸易壁垒与各国规范的约束如关税、贸易配额、保护性限制等将构成新的、不容忽略的企业与政府的关系。

随着企业与政府关系日益紧密，企业管理者认识到企业的生存兴旺与政府决策有着莫大的联系，他们开始参与政治活动，在政府机构中寻求或行使政治权利，发挥着自己的影响力。企业政治参与的企业行为主要有：组建协会、游说、支持选举等。它们会组建协会和组成一个利益集团，来满足自身利益，增强影响力。

互联网时期 BAT 成为企业的新兴巨头，阿里巴巴在不断的发展中和政府保持良好的关系，阿里巴巴董事长马云将阿里巴巴和政府的关系分成三个阶段：第一阶段，政府在不知阿里做什么的时候给了阿里巴巴巨大的空间；第二阶段，政府对于阿里巴巴的理解，马云说，当阿里巴巴的规模壮大之后，得到了各级政府多方面的支持与理解；第三阶段，阿里巴巴会向政府建议，给我们尝试的机会，给企业家发展留出空间以建设未来商业的基础设施，不用因担忧而制定管控的措施，因为企业家是在做的过程中解决问题。[②]

① 韩阳. 健康政商关系的基本内涵、实践经验与建构路径[J]. 重庆社会主义学院学报，2016，19（1）：48-55.

② 引自搜狐：http：//www.sohu.com/a/136770810_599912.

第三节　媒体与政府管理

一、政府危机公关

政府危机公关就是政府机关或者其工作人员在危机事件中所采取的一系列有组织、有计划、持续动态的控制和公关行为，是一种通过社会公众展开交流沟通以及协调，达到减少危机事件对社会造成的破坏的目的，从而维护塑造树立良好政府形象的公共关系活动。从危机事件突发性、模糊性、灾害性与波及性等特点，以及政府公关活动特点分析，政府的危机公关主要体现为以下几个主要特征：

第一，紧迫性。危机事件因其突发性和不确定性往往会给社会稳定造成不利影响，如处理不当很容易瞬间“发酵”，影响政府机关在公众中的形象。因此危机公关活动作为政府应对危机事件的重要手段就显现出鲜明的紧迫性，要求政府机关在危机发生的第一时间部署决策，及时分派接受过专业训练的人员和各种物质资源以应对危机事件。

第二，复杂性。就危机事件来说，事件发生的原因、涉及人员、波及范围等都有很大的不确定性，而且在危机发生时社会中关于危机的信息十分混乱。这就使得政府首先在明确危机的来龙去脉之前，将社会中的任何人都列为帮助的对象，绝不能触及社会公众的根本利益；其次，政府的危机公关活动并不能简单地由某一个部门具体担任，往往需要医疗卫生、安全、交通、消防、通信等多部门的协调合作，因此显得十分复杂。

第三，公益性。公共危机具有很强的危害性和破坏性，因此维护公众利益是政府危机管理的最终目标，也是政府公共关系活动的出发点和归宿。因为政府危机公关的根本目的还是维护社会集体利益，所以政府不能只考虑到维护政府形象，而是以确保人民群众的利益损失降到最低或避免损失为首要任务。也正因如此，公共性便成为政府危机公关与企业危机公关的主要区别之一。

第四，多重性。政府危机公关首先影响的是公众，即广大人民群众的利益是否得到了保护。其次影响的是政府的公信力，如果政府在危机面前畏手畏脚、软弱无力、相互推诿、漠不关心、置之不理或措施不力，自然会降低政府的威信。最后政府危机公关具有一定的波及性，它甚至可能会影响到当地的经济发展或文化传播，严重时还可能会激化社会中的不稳定因素，造成人民群众的动荡。

政府借助传媒进行危机管理，主要内容包括两部分：一是危机中政府积极开展针对传媒的公关活动，与传媒建立起良好的合作关系，获取媒体的支持和配合，即政府对传媒的公关；二是在对传媒公关基础上借助传媒实现对大众的危机公关，及时传递危机信息，阐明政府对策，消除社会恐慌，进而成功化解危机，塑造良好的政府形象。

危机对于政府形象而言既是机遇，又是挑战，是一把“双刃剑”。政府危机公关的能力和艺术直接影响着政府形象的好坏。美国布什政府应对“9·11”事件就是一个经典的例证。布什在2000年的大选中是依靠联邦最高法院的裁决才最终获胜的，在执政初期言辞错误不断，被许多美国人批评为“简单”和“政治幼稚”，其政府前景不被看好。面对1812年美英战争以来美国本土遭受最严重打击的“9·11”危机，布什总统及其领导的联邦政府表现出了高超的危机公关能力，布什政府当机立断快速行动，布什不时出现在空军一号、路易斯安那空军基地、教堂和救灾现场，并精心设计4次富有感染力的讲话，加上得力助手切尼、赖斯、拉姆斯菲尔德、鲍威尔等人的协助，最终布什和联邦政府的能力获得了美国公众的高度评价。在“9·11”之前，只有51%的人认为布什的表现良好，而“9·11”之后，91%的美国公众认为布什政府表现良好。①

① 朱光喜等．危机事件中的政府形象和政府危机公关［J］．公共管理学报，2006，3（2）：40-48.

二、社会化媒体对政府危机公关的影响

社会化媒体的概念第一次由美国学者 Antony Mayfield 提出，他在其电子书《什么是社会化媒体？》中把社会化媒体定义为一种给予用户极大参与空间的新型在线媒体，最常见的基本形式主要有博客、维基、播客、论坛、社交网站和内容社区等六种。社会化媒体的发展离不开互联网技术的支持，近些年来由于4G网、无线 WiFi 的普及，5G网的研发，使得人们上网变得越来越方便，依托于网络的社交媒体拥有了更多的功能，例如分享、即时留言、拍照上传等，新媒体与社交媒体发展的环境下网民具有了更大的自由发挥和意见表达的空间，为口碑传播和病毒式营销提供了技术支持。从危机公关的角度看，社会化媒体具有如下特征：

1. 互动性强，可以实现及时对话

利用社会化媒体很容易得知民众的态度，而不需要像传统媒体一样做被动的挨打。通过对舆情的正确判断政府应该就民众关心的话题给予回应，创造良好的对话环境。社会化媒体为政府、企业、个人都提供了一个对话的机会，这在互联网时代是一个非常重要的方面。

2. 信息传播速度快波及范围广

媒体作为传播信息的工具和平台，在当今这个信息膨胀的时代，报道信息的速度对媒体显得尤为重要。速度也成了媒体竞争、打赢信息战的关键。而作为依托网络而存在的社会化媒体来说，其信息的传播速度也十分迅速，再加上社会化媒体所独有的分享功能使得信息的传播范围也更加地广泛。在传播过程中，社会化媒体可能充当两个不同的角色：一种是低成本营销媒介，另外一种则是让企业负面新闻迅速传播的通道[①]。因此这也给政府的危机公关提供了启发，目前最常见的用作危机公关的社会化媒体

---

① 荣振环．社会化媒体时代的红与黑——以微博营销为例［J］．广告大观（综合版），2011（3）．

就是微博，而上海市政府对于官微的利用显然是不到位的，这也暴露出了政府在新媒体上的短板及互联网思维的匮乏。回顾2014年2月21日的阿里余额宝风波，余额宝遭央视评论员质疑后，支付宝随即通过官微以诙谐幽默的风格发布一篇长微博来进行解释，在当前的互联网语境下，这种卖萌式回应比较容易得到网民的理解与认可。

3. 进入门槛低

社会化媒体产生之处就是为了使人们之间的沟通变得更加地便利，因此其进入的门槛较低，只要能够打字就可以，这样也导致了使用者间素质分化较大，以微博为例，每条微博的字数限制在140字，内容偏向口语和平民，这使得无论是草根群众和还是专业精英都能在微博上找到展示自己的舞台，可以说微博等社交媒体的出现，标志着个人互联网时代的到来，大量的原创内容爆炸性地被生产出来，也因此产生了不少草根微博明星。因此很容易产生不理智的发声，这也是政府和企业进行危机公关时会遇到的障碍。

三、政府危机公关的问题

自改革开放以后，公共关系学作为一门新兴学科被引进我国，引起了国内学者的高度重视并取得了一些理论成果，但是在具体实践方面危机公关工作却收效甚微，并未取得长足发展。由于政府在危机公关方面相关法律法规的缺失，大多数地方政府没有建立起一套完备的危机应急机制，面对突如其来的危机往往采取一种消极应付的态度去向媒体以及社会公众开展公关活动，没有全身心地投入危机公关工作中去，更没有全心全意站在老百姓的角度去解决、处理、善后危机，这严重降低了政府在公众心中的形象。目前在政府危机公关中存在很多问题，主要有：[①]

第一，政府与民众的互信度较低。现阶段我国正处于政府转型时期，

① 王晓婧．当前我国政府危机公关中的问题及其对策［D］．长沙：湖南师范大学，2014.

由于经济的飞速发展，社会分层日益加剧。由此引发的摩擦冲突利益分化此起彼伏。多种非理性行政行为势必会大大损害政府权威，影响政府形象，政府的公共管理公共服务水平与社会和公民的期望值仍存在着不小的差距。政府行为缺乏公开性，行政过程中暗箱操作的情况屡见不鲜。2008 年震惊中外的“毒奶粉事件”，由于相关部门为维护一己私利，置公共利益于不顾，有意拖延时间，甚至千方百计刻意掩盖事实真相，造成当时社会上一片恐慌，群众不满，舆论混乱，这种隐晦闭塞的信息沟通渠道将政府的职能大大削弱。2009 年的“躲猫猫”事件，看守所发布的“当事人在看守所中与狱友玩‘躲猫猫’游戏时，因撞伤头部，在送去医院后经抢救无效死亡”的消息经媒体披露之后，迅速在网络上发酵并广泛传播，网友纷纷质疑这一离奇的死亡原因，其广泛流传并具讽刺意义的流行语对当地政府公信力的损害程度不言而喻。

第二，危机公关信息沟通渠道不畅，新闻发言人制度不完善。危机发生的情况下，政府缺乏一套相对完善的透明、公正的信息披露机制，主流媒体往往在政府的要求下难以保持舆论自由，让公众了解到真实客观的事实真相。“7・23”甬温线特大铁路交通事故中铁道部虽于 24 日晚召开了新闻发布会，但是却出现主要领导不现身、信息云里雾里不对称等场面，“不管你们信不信，我反正是信了”这句啼笑皆非的话一出，立刻在媒体和民众中引起轩然大波，新闻报纸纷纷表示出对政府言论的不满，网上的叫骂声也是此起彼伏。发言人在应对多方质疑时不仅采取“迂回战术”，而且作为铁道部的代表在此次事件中表现出对生命的不尊重以及没有在第一时间勇于承担责任的态度。

第三，政府危机公关制度不完善。我国政府缺乏常设的危机管理机构。在一些发达国家比如美国就设有只属于美国总统的独立政府机构——联邦紧急事态管理厅。而我国现行的危机管理体系，仅仅只是各级政府已经成立的行政机构，缺乏一个专门针对危机公关的独立机构。每每在危机发生之后才组织有关部门匆匆忙忙成立一个临时指挥部署小组，因此很难实现跨部门协调调动。决策指挥系统效率低下。我国政府长期以来在管理体制上向来都是层层把控，等级森严。上级政府权力高度集中，上级做出的各种决策与指示都是由各级政府以及相关部门层层传递到达基层，而基层的信息汇报也是通过层层相关部门上报到高层。由于政府层级过多权力又高度集中于上层，基层政府缺乏甚至没有表决权，在信息层层上报到最高层的过程中，其内容的准确性、真实性肯定大打折扣，即使真实准确，多环节的信息上报也会耽误决策时间，影响决策效率。这种集权式的官僚组织模式成了影响政府危机公关时的阻滞因素。此外，我国当前的这种行政体制，使得政府内各部门的沟通联系较少，在面临情况复杂的公共危机时，信息不能及时共享，处理危机时因为平时缺乏沟通导致协调困难，甚至会相互推脱，敷衍塞责。

四、政府危机公关的策略

政府危机公关对于建立高效能的服务型政府，提升政府危机管理能力，塑造政府在国内和国际的形象具有重要意义，目前我国政府危机公关可以采取以下策略[①]。

第一，结合实际情况完善新闻发言人制度。新闻发言人是我国政府与公众交流的“中间人”，在政府形象传播过程中发挥着重要作用。各地政府要结合实际情况规范新闻发言机构的工作职能与机制，建立专门的新闻舆论分析岗位及时把握社会中的舆论动向，为政府形象的媒介传播提供参考。另外，新闻发言机构还要建立有关各媒体记者的资料库，准确把握每个记者的提问习惯、工作特点等，在危机公关中做到急而不乱，维护政府良好的形象。

第二，政府要确保所发布信息的真实准确。在危机事件中，社会公众亟须关于危机事件的真实信息，只有真实的信息才能安抚公众心中的慌乱，避免因信息不真实而造成的次生危机。另外，政府还要借助各种媒体渠道

① 董海颖．危机公关视野下政府媒介形象的传播策略研究［J］．理论前沿，2014（9）．

及时向公众发布有关危机的信息，如果政府不能及时发布真实信息占领舆论的制高点，其舆论主动权就会被社会流言夺取，从而引起公众的猜测、怀疑，影响危机的正常处置。

第三，建立危机信息管理中心机制。政府机关要建立必要的危机信息管理中心，及时收集社会中有关舆论以及相关知识。在危机发生时，信息管理中心要根据日常收集的资料对危机进行分析研究，为政府危机处理提供必要的理论参考，进而提高政府发布信息的准确性。很多国家都建立了专门的危机信息管理机构，比如美国的联邦紧急事务管理署、英国的内阁办公室国民紧急事物秘书、日本的“全国危机管理中心”、韩国的“中央及地方灾害对策本部”。危机爆发后再临时组建危机应对机构，就会影响到整个政府危机处理的进程。政府应该构建一个完善的政府危机公关系统，包括公共危机爆发前的预防预警、公共危机爆发后的应急处理和公共危机结束后的总结。危机监测预警机制可以有效预防、及时控制和消除危机的发生；危机爆发时政府能快速地应对危机；危机过后，政府要对自身的管理机制进行自检，把危机中的经验教训作为提升自身管理的变革契机。

第四，健全公众信息反馈机制。政府在进行危机公关时尤其要注意社会公众对政府所发布信息的反馈，准确把握公众的关注点，使信息发布工作做到有的放矢、对症下药。政府机关可以成立反馈机构或者反馈网站，及时收集公众对危机的看法，为信息管理中心的工作提供原始资料。另外，政府反馈机构还要及时回答公众提出的问题，进一步加强政府与公众之间的交流互动。

第五，加强对社会信息传播的监督与管理，重视新媒体的运用。政府在允许公众自由发表言论的同时，还需要加强对信息传播的监督管理，允许公众在网络中发泄不满情绪，但是不能发表流言蜚语以扰乱社会秩序。危机公关中，政府可以积极地运用新媒体的议程设置功能，建立热点，引导舆论。及时关注网上舆论情况，通过网站的合作积极与意见领袖进行沟通，进行舆论的引导。

第六，加强对政府危机公关专业人才的危机管理培养是一门综合管理学科，且要求很高，缺乏专业的素养和知识将无法面对危机中的复杂紧急状况。目前我国公务员队伍整体缺乏专业的危机管理理论知识和实践操作经验。针对这一现象，2004 年 12 月，复旦大学正式开始培养针对政府公关的人才，培训内容包括新闻理论、新闻发言人在内的理论与实践知识；2005 年底中国公务员培训中心与中国国际公关协会决定合作承担对国家公务员的专业培训。同时政府也可以将不同专业领域的专家纳入公共关系研究领域的危机管理的部门中，发挥专家学者的优势，帮助和指导政府更好地进行危机的管理。

案例——魏则西事件中搜索引擎的公共性与商业性[①]

一、案例介绍

根据《华西都市报》5 月 2 日的报道，知乎网友魏则西是西安电子科技大学计算机系学生，于 2014 年体检后得知罹患“滑膜肉瘤”晚期。据魏则西生前描述，该疾病为“一种很恐怖的软组织肿瘤”，没有有效的治疗手段。之后魏则西一家为了求医四处奔波。2015 年 9 月开始，已经接受了 4 次化疗的魏则西开始前往北京治疗，最终，选择了武警北京总队第二医院。不过，在 2016 年 4 月 12 日，魏则西最终还是去世了。

综合多家媒体报道，2016 年 5 月 2 日，国家网信办会同国家工商总局、国家卫生计生委和北京市有关部门成立联合调查组进驻百度公司，对魏则西事件进行调查。同时，国家卫生计生委、中央军委后勤保障部卫生局、武警部队后勤部卫生局于 5 月 3 日进驻武警北京总队第二医院（以下简称武警二院），对魏则西事件涉及的医院问题进行调查。根据 2015 年 5 月 10 日《新京报》

① 孙祥飞 . 2017 新闻传播学热点问题 80 讲［M］. 北京：人民日报出版社，2016：310-315.

报道，魏则西事件的调查结果是：停用未经批准的临床医疗技术，彻底整治虚假信息和医疗广告，武警二院两名主要领导被撤职；而百度方需要：全面清理医药保健品信息推广，竞价排名不能仅以钱多为标准，因信息误导受损予以先行赔付。

2016年7月8日，国家工商总局在其官网公布《互联网广告管理暂行办法》，该《办法》的第三条，对互联网广告进行了定义："本办法所称互联网广告，是指通过网站、网页、互联网应用程序等互联网媒介，以文字、图片、音频、视频或者其他形式，直接或者间接地推销商品或者服务的商业广告。"其中第三项是"推销商品或者服务的付费搜索广告"，明确把付费搜索列入广告范围。《办法》还要求，互联网广告应当具有可识别性，显著标明"广告"，使消费者能够辨明其为广告。同时规定，付费搜索广告应当与自然搜索结果明显区分。

二、案例分析

在魏则西事件中，网络舆论指向的对象包括：百度搜索引擎、莆田系医院、医疗监管部门和其他医疗广告播放平台。其关键是付费搜索与关键词竞价排名问题。互联网搜索引擎服务提供商的"竞价排名"又称"付费搜索"，属于点击付费（Pay Per Click）的商业模式，付费搜索是互联网搜索服务提供商的主营业务和盈利模式之一，搜索服务提供商为了提高点击量、增加盈利，在显示搜索结果时往往不明确区分付费搜索结果和普通搜索结果。"竞价排名"将资本渗入搜索引擎，导致用户在检索信息时被干扰，其影响的是用户在搜索时的正常信息检索与获取行为，侵害了用户（消费者）的知情权，使消费者误以为"排名＝口碑＝信誉"。因此，工商行政管理部门和工业和信息化部门应强化监管，搜索引擎服务提供商需要行业自律，充分发挥社会舆论监督与媒介批评的作用，明确法律和法规依据。

在使用搜索引擎的时候要尤其注意商业性与公共性的平衡。搜索引擎是互联网的基础应用，但搜索引擎又是以盈利为目的的互联网公司合法利润的来源，因而，它具有公共性和商业性两种属性，这个矛盾的存在就是信息安全问题、广告欺诈问题、诱导性消费等问题的根源。搜索引擎是互联网中最基础的应用，具有信息公共基础设置的重要地位，尤其是在中国，百度搜索成为中国网民进行信息检索行为的最大流量入口，它所具有的宰制性地位已经成为决定中国网民进行有针对性的信息检索时能够看到的信息的“把关人”、“过滤器”和“推送器”；同时搜索引擎以盈利为目的，其盈利方式是“二次售卖”，即媒介先将信息卖给终端消费者，然后，再将消费者的时间或注意力卖给广告商或广告主的过程。第一次售卖，媒介向受众提供信息，满足受众对信息的需求，消除信息的不确定性，这里售卖的是信息，信息是商品。第二次售卖，将受众的注意力售卖给广告商。互联网公司作为一家营利机构，在盈利的同时也应承担一定的社会责任，尤其是不能触犯相关的法律法规；同时作为一家商业机构提供的产品是信息，应该满足作为消费者的公众的知情权，确保其正当、合法的权益不受侵犯。

医疗健康信息是与公众切身利益紧密相关的信息；医疗健康信息应该公开、开放、透明并且易于检索；信息的供给和公众的需求存在错位；公益性的医疗健康信息传播的首要任务是消解公众的不确定性；医疗健康信息应明确区分公共性信息和商业性的信息；模糊了公共信息和商业信息的边界容易增加信息传播中的不确定性，使用户或消费者产生误解。魏则西事件中，百度的不当做法实际上是通过模糊商业信息和公益信息实现了商业资本在公共领域的渗透。

第十章　企业危机传播与公共关系

第一节　危机及公共关系

一、公共关系的界定

公共关系一词，是由英文“Public Relation”翻译而来，其英文缩写为“PR”。这一概念被广泛用于企业管理和传播领域，不同领域对其界定也有所不同，主要的代表性定义如下：

（1）管理职能类定义——认为公共关系是一种独特的管理职能。

这类定义倾向于公共关系的功能。（即“内求团结，外求发展；通过信息传播与沟通，建立良好的内外关系，促进组织目标的实现。”）持这种观点的人大多是管理学家出身的公共关系专家，比如被誉为“公共关系先驱”的美国人莱克斯·哈洛（Rex Harlow）就认为：“公共关系是一种独特的管理职能”[①]。

（2）传播沟通类定义——认为公共关系是社会组织对公众的一种有目的、有意识的传播沟通行为。它是从公共关系的运作特点上来考虑，强

① Harlow R F. Building a public relations definition [J]. Public relations review, 1976, 2(4): 34-42.

调了公共关系的传播沟通手段，认为公共关系是社会组织与公众之间的一种传播沟通方式。

英国公关大师弗兰克·杰夫金斯（Frank Jefkins）和美国学者约翰·马斯顿（John Marston）是这种观点的代表者。约翰·马斯顿的定义是：“公共关系就是运用有说服力的传播去影响重要的公众”①。

中国社科院新闻研究所的明安香也认为：“公共关系是用传播手段塑造组织自身良好形象的艺术。”②

复旦大学居延安的定义是：“公共关系是一个社会组织用传播的手段使自己与公众相互了解和相互适应的一种活动或职能。”③

（3）社会关系类定义——认为公共关系是社会关系的一种。这类定义主要是从公共关系的状态来考察，强调公共关系的社会属性。

美国普林斯顿大学的希尔滋（H. L. Chils）教授认为：“公共关系是我们所从事的各种活动、所发生的各种关系的通称，这些活动与关系都是公众性的，并且都具有社会意义。”世界第一大专业广告公司——日本电通广告公司的首任公关部长田中宽次郎指出：“所谓公共关系，就是良好的公共关系状态，亦即与社会保持良好关系的技术。”④

总而言之，公共关系是社会组织运用传播的手段使自己与公众之间形成双向交流，使双方达到相互了解和相互适应的一种管理活动。

二、公共关系的构成要素

公共关系主要由社会组织、公众和传播三个要素构成，社会组织、公众、传播这三个要素存在于同一个社会环境中，一起构成了公共关系，如图 10-1 所示：

---

① Marston J E. The nature of public relations［M］. McGraw-Hill， 1963.

② 明安香 . 公共关系教程［M］. 北京：华夏出版社，2001.

③ 居延安 . 公共关系学导论［M］. 上海：上海人民出版社， 1987.

④ 熊越强 . 公共关系实务［M］. 北京：清华大学出版社，2006.

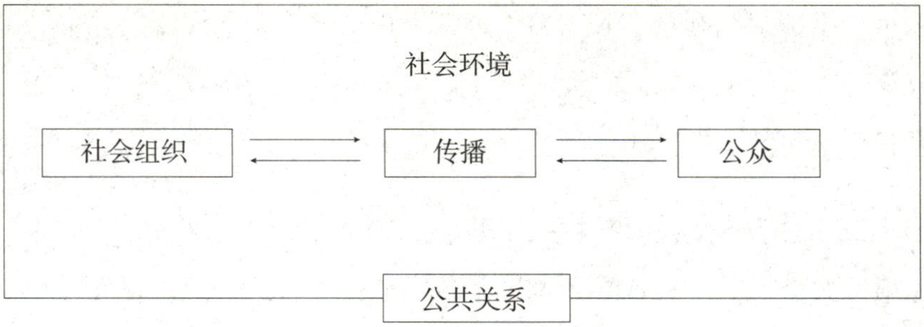

图 10-1　社会组织、公众、传播与公共关系

三者之间的地位和作用：社会组织处于主导性地位，利用传播的效能性和公众的权威性，达到主体、传播、客体的统一协调。

三、公共关系的发展历史

公共关系发源于美国，从美国公关关系的发展历史可以看出公共关系的发展脉络。伴随公共关系职业化的出现，公共关系理论得到了长足发展。在公共关系百年发展中，形成了系统化的公共关系学科理论，主要可分为四个阶段。

（一）创立时期（20 世纪 20—40 年代）

美国后内战时期既造就了大批量生产，也造就了大众传媒。为了推动商业利益，广告代理人应运而生，新闻代理人得到越来越多的使用。20 世纪初，艾维·李创立了公共关系事业，爱德华·伯尼斯将其发展为一门学科，1923 年，伯尼斯在纽约大学开设了公共关系讲座，第一次把公共关系引入了大学课堂，公共关系教育和公共关系理论研究从此开始兴起。《舆论之凝结》一书被西方社会视为公共关系理论正式诞生的标志。故此，伯尼斯被公认为公共关系学的创始人，其公共关系思想的核心是“投公众所好”。他认为，公共关系工作首先要确定公众的价值观和态度，并且投其所好，有针对性地开展工作。他提出了公共关系人员应该履行社会责任和义务的观点，伯尼斯的公共关系思想既着眼于“单向”传播，又偏重于维护组织利益。其杰出贡献在于正式将原来从属于新闻的公共关系分离开来，把公共关系发展成了一门独立而又系统的学科，奠定了公共关系职业化和科学化基础。

（二）成熟时期的公共关系理论（20 世纪 40—70 年代）

第二次世界大战给社会环境带来急剧的变化，这一条件也促进了公共关系加速发展。战后，以市场为轴心的各种横向联系空前发展，致使企业门户彻底开放，加上大众传播媒介和现代沟通技术的迅速发展，导致了企业通过市场和传播媒介与整个社会联成一体。因此，良好的公共关系和社会舆论对于企业的生存和发展具有至关重要的作用。在这种情况下，公共关系作为一种经营管理观念和功能，一种市场营销策略和手段，一种公众传播方式和技术也就迅速职能化了。战后的美国，电信、电视与运输的进步以及促使职业化增长的动力——校园后备力量和专业化服务的出现，公共关系理论和实践得到长足发展，该时期对学科化和职业道德的强调成为公共关系学理论发展的主要特点。推进研究和教育的基金会相继建立，《公共关系杂志》刊物的创立，一系列重要理论陆续出现，形成了完整的公共关系学科思想，标志着公共关系理论建构上的成熟。

（三）完善和创新时期的公共关系理论（20 世纪 80—90 年代）

20 世纪 80 年代后，美国公共关系管理整体研究呈现上升趋势，一批学者都对公共关系管理进行了研究，传播管理、关系管理、冲突管理、信誉管理、议题管理和危机管理“六朵金花”竞相开放，公共关系管理主题因受格鲁尼格公共关系理论（《卓越公共关系与传播管理》）的影响日益受到青睐而成为主要理论思潮。

（四）发展时期的公共关系理论（20 世纪 90 年代末至今）

20 世纪 90 年代初开始，数字和电子沟通取得了迅猛的发展，也很快孕育了网络公共关系。公共关系从它产生的那天起，就与广告和营销存在着天然的联系，有效的公共关系通过维护和谐的社会和政治环境，在一个组织的管理中发挥出更具基础性、长期性的职能，为市场营销做出了贡献[①]。

四、公共关系理论的发展

公共关系一百多年发展中出现了很多理论[②]，主要的代表性理论有：

美国学者卡特里普和森特在1952年出版的《有效公共关系》中，提出了“双向对称”的公共关系模式。他们认为：公共关系的最终目的是要在组织与公众之间形成一种和谐的关系。公共关系就是：一方面把组织的想法与信息传播给公众；另一方面把公众的想法与信息反馈给组织。[③]只有这样，才能够达到双向沟通，从而产生对称平衡的良好环境。“双向对称”模式超越了原来的“单向沟通”模式，科学地界定了公共关系“传播沟通”上双向互动特征，从而把“公共关系传播”与“宣传”“广告传播”严格区分开来，因为后两者的沟通属性为典型的“单向传播”。

英国著名公共关系学专家杰夫金斯提出了“公共关系工作六部曲”，在公共关系理论发展史上具有划时代意义。“公共关系工作六部曲”，即：“估计形势——确定目标——确认公众——选择传播媒介与技巧——编制预算方案——评价结果。”杰夫金斯的“公共关系工作六部曲”从公共关系决策管理层面解决了管理过程和管理环节上的理论问题。

马斯顿（J. Marston）把公共关系活动的过程概括为一个著名的公式，即RACE公式。“RACE”是公共关系活动的四个主要环节：R（Research）——研究；A（Action）——行动；C（Communication）——传播；E（Evaluation）——评估。马斯顿认为，公共关系活动是由“研究——行动——传播——评估”

① 胡建新．公共关系理论在美国的历史演进及其启示［J］．湖南大学学报（社会科学版），2007，21（3）：113-116.

② 卢山冰．公共关系理论发展百年综述［J］．西北大学学报（哲学社会科学版），2003，33（2）：168-173.

③［美］格伦·布鲁姆，艾伦·森特，斯科特·卡特里普．有效的公共关系（第八版）［M］．明安香译．北京：华夏出版社，2002.

四个环节构成的完整过程。

马里兰大学公共关系学教授格罗尼（J.Gruning）和亨特（T.Hunt）提出了一种公共关系职能的模式，即组织与公众的双向影响是通过公共关系机构的传播来实现的。公共关系部由于处于组织与公众的中介地位上，掌握到了双方的信息，能够向组织管理层提供客观的、全面的、系统的建议。本模式要求在认真评估公共关系工作的基础上，确定在对组织咨询时，哪些事情可以做，哪些事情不可以做；如果做的话，有哪几种方案可供选择，等等。

哈纳（J. Harnar）和福特（A.Ford）提出了公共关系管理“五段论”。他们提出的公共关系管理五阶段模式是：规定目标；构想几种有效的实施形式；挑选一种方案；对方案进行评估；最后方案形成。汉尼斯（J.Haynes）等人也提出了公共关系管理“五段论”。具体内容为：树立发现问题的意识；对问题进行限定；分析有目的的选择以及可能的结果；评估方案和选择行动的契机；对公共关系方案进行验收。

1982 年卡特里普和森特在公共关系管理上提出了“四段论”模式。他们认为公共关系管理应该是：寻找事实和反馈信息；提出公共关系计划项目；开展公共关系活动和进行信息传播；对于公共关系活动效果进行评估。

杰夫金斯提出，在进行公共关系计划时，必须注意四个法则：确定公共关系工作的目标，这个目标要符合实际情况，与预期结果相一致；估计所花费的人力、时间与资金；选择成员、时机来实施项目；确定项目实施的可能性，如人力、设备和预算，等等，从而实现公共关系计划管理的基本内容。

20 世纪末 21 世纪初，随着互联网的广泛应用，网络公共关系应运而生。米德伯格在 2001 年出版了《成功的公共关系》一书。他认为，现代商业活动，包括公共关系最深层次的本质已经因为互联网的出现而发生了根本性的变化。“从本质上看，公共关系已经被五个受互联网增长而催化的重要的商业沟通趋势是：速度、途径、交互作用的新规则、品牌的重新界定以及作为沟通的商业伙伴。”①

五、与公共关系有联系的几个概念

公共关系与广告、推销、传播等密切相关但又有区别，与公共关系有联系的几个概念及其联系与区别如下：

（一）公共关系与管理的联系和区别

管理是指管理者运用一定的方法和手段，对管理对象主要包括人与物两大系统施行的一系列计划、组织、指挥、控制、协调等活动的总称。

公共关系与管理的区别在于管理是上级对下级的单项控制，而现代公共关系却是平等的双向信息交流与沟通。管理的范围主要限于某一社会组织的权限之内，即管理的对象只能是组织内部的成员，而公共关系的对象却既包括内部公众，也包括外部公众，并且更加注重外部环境的改善。

（二）公共关系与新闻传播的联系与区别

公共关系与新闻传播的联系包括以下几点：（1）两者都必须以事实为依据；（2）在现代社会，由于新闻的影响非常广泛，所以公共关系常常借助新闻的这种特点进行工作，大众传播是公共关系的主要传播方式；（3）日常的公共关系工作要求其从业人员能够撰写新闻稿，并同新闻界建立和保持良好的关系。

公共关系与新闻传播的区别首先在于基本出发点不同。公共关系的基本出发点是为本组织的利益服务；而新闻传播却必须对整个社会负责。其次是具体形式不同，如果说，新闻工作者的任务是“捕捉”和“发现”新闻的话，那么，公共关系人员的任务则是“制造”新闻。

---

① ［美］唐·米德伯格．成功的公共关系［M］．牛宇闳，董险峰等译．北京：机械工业出版社，2001.

（三）公共关系与推销的区别

所谓推销是指工商企业将其产品或服务向消费者进行宣传，以激发消费者的购买行为，扩大产品销售的活动。首先，公共关系和推销的适用范围不同，推销只是工商企业的一种行为，在非工商企业组织中，并不存在真正的推销活动；公共关系的适用范围比推销更为广泛，它可以适用各种类型的组织。其次，两者任务不同，推销的关键是推销产品或服务，而公共关系的任务则是树立组织的整体形象。最后，两者利益的着眼点不同，公共关系的根本着眼点是组织的长远利益，而推销的着眼点是销售量的增长、组织经济效益的提高。

（四）公共关系与广告的区别

广告是为了推销某种具体产品或服务，借助报刊、广播、电视等传播媒介，向社会大众开展的宣传活动。两者的区别首先表现在具体目标不同，广告的目标是为了扩大产品或服务在市场上的占有率，而公共关系的目标则是树立组织的良好形象。其次是传播的原则和方式不同，广告的信息传播原则是真实性与艺术性相结合，既要真实可靠，又要有感染力而引人注目，而公共关系的信息传播原则是以事实为依据，信息传播必须真实可信。再次是作用不同，广告的成败对企业的全局没有决定性影响，而公共关系的好坏成败，却决定着整个组织机构的信誉和形象、决定着企业的兴衰存亡。最后是传播的周期不同，广告的周期往往比较短暂，而公共关系的基本特征之一却是以长远为方针。

（五）公共关系与人际关系的联系与区别

公共关系与人际关系都是社会关系的表现形式，公共关系通常表现为人际关系，良好的人际关系有利于建立良好的公共关系。

公共关系与人际关系的区别首先在于主体不同，公共关系的主体是社会组织，人际关系的主体是个人。其次是服务对象不同，公共关系是为组织服务的，公共关系处理的好坏，受益或受损的是组织；人际关系则是为个人服务的，关系的好坏，受益或受损的是个人。再次是联系范围不同，公共关系以信息传播为手段，联系范围广，传播的信息量大；人际关系的交往面相对狭窄，传播的信息量小。公共关系广告的类型包括形象广告、观念广告和公益广告。

第二节　企业危机公关

一、危机公关概念界定

危机是一种社会现象，最早的危机管理来自现代企业管理，但它目前已扩展到全社会的任何一种组织。危机公关是指应对危机的有关机制，它具有以下特征：意外性，危机爆发的具体时间、实际规模、具体态势和影响深度，是始料未及的；聚焦性，进入信息时代后，危机的信息传播比危机本身发展要快得多，媒体对危机来说，就像大火借了东风一样；破坏性，由于危机常具有“出其不意，攻其不备”的特点，不论什么性质和规模的危机，都必然不同程度地给企业造成破坏，造成混乱和恐慌，而且由于决策的时间以及信息有限，往往会导致决策失误，从而带来不可估量的损失；紧迫性，对企业来说，危机一旦爆发，其破坏性的能量就会被迅速释放，并呈快速蔓延之势，如果不能及时控制，危机会急剧恶化，使企业遭受更大损失。

企业危机可能是由多种原因造成的，由于各民族、各国家风俗习惯不同，企业在经营时一些合理的市场行为可能会变得不合理，从而引来消费者的不满情绪，带来企业危机，比如2003年丰田霸道汽车的广告中的狮子是中国的图腾，引发中国消费者不满；由于企业领导问题出现的危机，比如 2005 年 TCL 总裁万明坚离开给 TCL 带来的企业危机；因企业劳资纠纷产生的企业危机，比如代理商因为自己的利益关系恶意散布企业谣言，等等；因假冒伪劣产品损害企业形象，引发企业危机，主要表现在虚假承诺、不公平交易、虚假广告、劣质产品或服务，等等，每年“3·15”晚会揭露的企业基本都属于这一类；因产品安全问题导致企业陷入危机尤其是食品类企业和电子产品类企业，比如肯德基的“苏丹红”事件、三星手机的爆炸事件，等等；因财务经营管理问题导致企业陷入危机，比如韩国大宇集团在政府政策和银行信贷的支持下举债经营，因客户纠纷处理不当导致企业陷入危机；2017 年海底捞的后厨老鼠四窜引发公众对海底捞卫生的担忧……企业经常面临各种危机。

二、危机公关处理原则

危机公关处理有相对成熟的原则，英国危机公关专家里杰斯特在《Crisis Management》一书提出“3T 原则”，强调危机处理时把握信息发布的重要性。Tell your own tale（以我为主提供情况）：企业应成立专门的媒体应对中心，从企业角度出发，为媒体提供关于事件的真实情况资料，避免记者在无法满足自身信息了解的情况下，转向外部或第三方了解情况。Tell it all（提供全部情况）：企业要满足公众对危机的了解心理，最大限度向媒体提供关于危机事件的全部情况，从而消除公众的疑虑。Tell it fast（尽快提供情况）：企业应在了解事情真相后，第一时间向媒体提供情况说明，给外界营造认真对待，积极主动的印象。①

目前在国内被业界奉为经典的危机公关的 5S 原则是危机处理的主流理念，是由关键点公关董事长游昌乔提出，危机公关 5S 原则是指根据公关危机事件的规模、影响、性质及危害性，处理公关危机事件共有五条原则，即：承担责任原则（Shoulder）；真诚沟通原则（Sincerity）；速度

① Regester M. Crisis management［M］. Financial Public Relations. 1993：100-109.

第一原则（Speed）；系统运行原则（System）；权威证实原则（Standard）。[①]

承担责任原则。危机事件发生后，作为组织不能推卸责任或拒不承担责任甚至拒不承认有责任。在危机事件发生后，组织必须勇于承担自己该负的责任，否则组织的信誉就会受损，在公众心目中的形象也会大打折扣，情况严重时，甚至会动摇组织的根基，使组织从此一蹶不振。作为组织，一旦遭遇公关危机事件，就应该坦然面对，勇敢地承担起自己的责任，切忌遮遮掩掩、闪烁其词，这样只会引起公众的反感，如能坦然面对，把事实说清楚，相信公众是会理解的。

真诚沟通原则。当危机事件发生后，组织与公众的沟通至关重要，尤其是组织与外部公众的沟通更为紧迫。此时的沟通必须以真诚为前提，如果不是真心实意地同公众、同媒体沟通，是无法平息舆论压力的。组织与媒体的沟通同样重要，公众之中信息传播的速度是非常快的，作为媒体，有着多种多样的传播手段，瞬间即可把信息传遍四面八方；媒体是舆论引导者，大众媒体的一端连着大众，所以绝不可忽视与媒体的真诚沟通。作为组织，应主动向媒体及时提供相关信息，并通过媒体引导舆论；处理危机事件过程中取得的每一步进展都及时让媒体了解。沟通的形式很多，可以发通告、印制宣传品；可以通过大众传媒发布信息；还可以举行新闻发布会。必要时，个别访问、谈心、调查等方法都可采用。要根据危机事件的性质、规模及影响范围和后果等情况，做到具体情况具体对待。但无论采取什么方式，真诚的态度是沟通成功的前提和保证。

速度第一原则。当危机事件发生时，作为组织所要做的重要工作之一就是及时准确地把危机事件的真相告诉公众和媒体，以最快的速度做出反应，掌握处理危机事件的主动权，这样才能在第一时间赢得公众的理解和支持；若迟迟不作反应，组织形象会因为一次危机事件而元气大伤，若想再恢复到原有状态，则需付出十倍甚至更多的努力，其效果也往往不尽

① 游昌乔．危机公关：中国危机公关典型案例回放及点评［M］．北京：北京大学出版社，2006.

如人意。所以危机事件一旦出现，便应火速出击，及时稳定人心，为后面的工作开创有利局面。

系统运行原则。在处理整个危机事件的过程中，组织者要按照应对计划全面、有序地开展工作。处理危机过程是一个完整的系统，环环相扣，若要把危机事件处理得圆满，哪个环节都不能出问题，一个环节出现问题，必然影响到其他环节。所以，一定要坚持系统运行原则，不能顾此失彼，才能保证及时、准确、有效地处理危机事件。

权威证实原则。作为组织，尤其是生产企业和经销企业，产品质量是企业赖以生存发展的保障。产品质量的好坏不是自己说了算的，而要靠广大消费者，即社会公众在使用之后做出评价。企业如果想达到创名牌的目的，那就更需要拿出权威部门的质量鉴定。这是企业信誉的保证，企业应尽力争取政府主管部门、独立的专家或权威机构、媒体及消费者代表的支持。

三、企业如何处理危机

企业想获得真正的成功，除了企业卓越的运营能力之外，还要深刻地认识和理解媒体舆论的特性，有意识地对其进行引导，使媒体舆论成为企业发展的推动者。企业在处理危机时，可以采取下列方法：

（1）第一时间告知专业的危机公关公司，借公关公司的力量进行危机的控制；

（2）第一时间告知企业的全体员工，统一口径，避免企业员工在面对采访时不知所措；

（3）第一时间组织危机涉及部门迅速采取措施调查事件真相，新闻发言人发布公司采取的措施安抚公众，组织律师对受害者事件进行处理；

（4）第一时间把真相告知政府部门或者相关权威机构，进行公众信心的树立；

（5）第一时间疏导媒体，让媒体沿着良性的方向进行危机的报道；

（6）第一时间让企业主要负责人出面进行道歉，澄清事实。

四、建立危机处理日常机制

在危机到来之前能预防并避免是成本最低、风险最小的办法，也是最明智的办法，因此企业应该建立日常危机处理的机制，而不能临时抱佛脚，主要的方法如下：

（一）平时注意提高企业的自身免疫力

企业平时要注意提高其自身免疫力，就像对待疾病一样，危机防范的首要问题就是提高企业的免疫力。主要方法包括强化全员特别是企业主要管理者的危机意识；加强企业信用管理，树立企业在公众心目中的良好形象；加强产品质量管理，努力做到所有产品零缺陷；加强营销管理，做好售后服务；加强公共关系管理，并持之以恒；在危机出现之前就充分开发公关资源以打好基础；强化企业团队精神，努力争取员工对企业的忠诚，以免祸起萧墙；提高主要管理人员的管理能力，强化他们对企业的责任心。

（二）经常性的自我问责工作

企业的高层要有自觉分析反思企业弱点的习惯，企业公关部门的领导要经常分析传播中的弱点或可能出现的问题，同时要经常与企业内外公众沟通，定期或在关键时期与企业内外公众（员工、供应商、分销商、媒体、行业监管部门等）沟通、探讨，虚心听取他们的意见和建议及对企业可能出现的危机提出的忠告。

（三）日常培训和模拟危机管理

公共关系部门要组织危机管理的培训，还可以模拟危机管理。模拟危机管理的意义就在于平时做好充分准备不仅有备无患，而且在灾难降临时往往更清醒、更容易做出明智的选择。

五、企业如何与媒体沟通

和媒体打交道是当今企业的必修课，良好的媒体关系有利于企业维护好自身的形象，化解危机。企业在应对媒体采访时应遵循以下步骤：（1）电话中应对记者的措辞："您是谁？您来自哪里？您需要了解什么？您对这件事情了解多少？麻烦您把采访提纲传真给我好吗？一个小时内给您回复好吗？"（2）即将接受采访前的准备工作，回顾一下最初的电话记录、收集资料、咨询有关人士、分析目标受众、准备核心信息、准备一份正式对外的声明、准备采访主题、准备谈话时需要引用的例子和数据、场景模拟；（3）采访应该以核心信息为主导而不是以问题为主导、知道核心信息是什么、按照自己的想法开始接受采访、不断强化核心信息、采访中以自己的意见为主导、迅速从被动中脱身；（4）接受危机采访时，首先向记者阐述三个问题，危机爆发的原因、危机的影响范围有多大、危机受害者或关联者如何被妥善安置和处理；（5）明确信息传递的目标受众及他们的需求和关注；（6）采访中避免的回答：话语冗长、信息过多、关键点丢失、核心信息提及太少、用词不准、多用肯定词语、耸人听闻、批评同行或竞争对手等。

企业在和文字媒体比如报纸杂志等沟通时，应注意以下几点：接受采访前，阅读该记者以前写的文章，了解他的写作风格以及采访中可能采取的角度；保持警惕，即使感觉交谈非常愉快顺利，并且与记者建立了友善关系，也只能讲你希望在媒体上刊登的内容；尽量找到记者的话题议程，围绕此组织自己的观点，确定记者需要的是数据、意见还是声明，尽可能友善地配合记者，主动提供图片和资料；采访结束时，问记者目前还在准备哪些方面的报道以便日后建立联系；请求记者在刊出之前有机会再核查一次采访内容。

企业在和电视媒体沟通时，应了解采访的每个阶段的注意事项。采访前要了解采访者想从你这里了解什么；以最佳状态面对镜头；发挥自己的风格；预先获知采访会持续多久，合理安排采访内容。采访过程中尽量在三四句内结束一个问题的回答；注意观察采访者的反应，调整回答。最后要礼貌结束采访，及时反馈。

第三节　新媒体时代的企业危机公关

一、社会化媒体环境下危机传播的特点

互联网时代下，社会化媒体兴起并快速发展，并逐渐成为传播环境中的重要力量。社会化媒体的出现，使“人人成为信息传播源”变为现实。社会化媒体的即时性、互动性等特性使得其在危机传播中，扮演着越来越重要的作用。在社会化媒体环境下，危机传播有如下特点：传播速度快、传播源头难以控制、难以形成有效的沟通交流[①]。

第一，传播速度快。社会化媒体的出现，使得信息的传播速度极大加快，几乎能做到与事件发生现场同步。社会化媒体成为突发事件的最早消息来源越来越普遍，传统媒体往往是在社会化媒体发布信息后跟进报道。

第二，传播源头难以控制。在“人人都有麦克风”的社会化媒体时代，每一个使用者都有可能成为信源。在危机事件发生时，短时间内事件的相关信息就可能在社会化媒体上爆发，信息的来源相互交织，难以找到传播的源头，也难以控制传播的渠道。

第三，难以形成有效的沟通交流。网络环境中充满杂糅的信息，谣言与真相共存，理性交流与网络暴力并发，在社会化媒体上传播的事件都很难获得一致的交流意见。

---

① 金赫棋．社会化媒体环境下遏制危机传播的战略研究［J］．新媒体研究，2016（15）：17−18.

二、新媒体环境下企业危机公关策略

新媒体给企业公关带来了前所未有的新挑战，其中有很多不利的影响，但同时也有着很多积极的意义，如果企业利用得好，对于企业自身公共关系的维系都有着相当大的帮助。当危机已经爆发时，企业可以采取以下策略：

（1）成立专门的网络信息监控小组，对网络上的信息进行监控。企业应该以网络为主要手段，建立起完整的信息搜集、监测系统，收集与企业发展有关的信息，集中精力分析处理那些对企业经营和发展有重大或潜在重大影响的外部环境的信息。互联网是一个技术性很强的媒体，同时又是一个社会性非常强的社区，在这个社区里可以畅所欲言，如果企业不多关注这类信息，在沟通上就会积累起越来越多的信息障碍。因此，需要企业在重点社区进行监测，将不利情况降到最低。

（2）利用 E-mail、视频会议等形式做好企业内部成员间的沟通。企业内部沟通是解决危机公关的基础性工作，在组织内部形成一致的声音，尽量得到员工的理解与支持，包括危机公关解决方案的落实，对于危机公关有着十分重要的作用。互联网背景下的企业，要重视电子邮件、视频会议这类沟通方式，因为它们能够在最短的时间内将信息传达给每一个员工，时间是新媒体背景下危机公关中十分重要的一个因素，如何在尽可能节约时间的情况下高质量地完成任务成了决定公关成败的一个重要因素。

（3）建立网络条件下的新闻发言人制度。这种发言可以通过企业网站、企业博客等渠道在第一时间发布，而不像以往那样一定要约好记者在一个正式场合发布，因为那样会花费很多时间，往往在这段时间里，危机范围已经迅速扩大。所以，利用网络快捷及时的特点，在第一时间先发出企业的声音，使公众知道企业对其事件的重视，然后再根据危机细节情况，准备一个正式的新闻发布会。因为互联网的双向互动性，可以有效地做到对内对外的即时沟通，也可以听到反馈的声音，保证之后处理危机公关的策略尽可能地完备。

（4）提供个性化的服务系统。这是一种更加主动地降低危机发生概率的方式。通过互联网技术收集信息，并对信息进行过滤，了解消费者的偏好，对其进行分类，针对不同人群的需求提供个性化的服务。使各类消费者获得满意体验，对企业形象的好感就会增加，因为如今的消费者大多是网民，这样有利于企业减少因为“网络暴力”而产生的危机概率。甚至在某些时候，这些网民会成为捍卫企业声誉的有力的参与者。

案例——美联航的“血泪”教训①②

一、案例介绍

2017年4月9日，美联航3411航班因超售机票而通过“特定方式”抽取了四名乘客，要求他们下机改签并予以1000美元补偿。这种做法在业内被称为“重新安置”（re-accommodate），在美国已经成为一种惯例。据统计，仅2016年美国和加拿大的各家航空公司运用这种办法“重新安置”了1000多名乘客。但这次却出现了“意外”，被“抽中”的亚裔医生陶成德（David Dao）与夫人拒绝下机。双方发生争执，陶医生被地勤强行拖拽下机。

记录事件过程的视频在推特上“疯传”，尤其是那张陶医生满脸是血的图片立即成为引发愤怒情绪“病毒式传播”的导火索。但美联航却采取了消极应对的方式，在轻描淡写的声明中仍沿用“重新安置”的惯用说法。两天后在网上流出的一封内部邮件中，美联航CEO对涉事员工和地勤表达了理解和支持，这又再次引发了新一轮“网络次生危机”。这个案例之所以体现了危机传播

① 李颖，田香凝．媒商十堂课　教你学会信息传递术［M］．北京：清华大学出版社，2018：130-153.

② 史安斌，邱伟怡．社交媒体环境下危机传播的新趋势新路径——以“美联航逐客门”为例［J］．新闻大学，2018（2）：122-130.

的“跨国化”趋势，是由于在与此次事件关联度不大的中国所引发的“舆论风暴”的烈度超过了作为事发地的美国。

二、案例分析

美联航暴力逐客，引发舆论和社交网络掀起怒怼之潮。而美联航在后续的处置措施和表态，被人们称为史上最差的公关案例，是一种“品牌自杀”。

美联航首席执行官穆尼奥斯的三次表态成为美联航在此事上的处理主线。穆尼奥斯的第一次表态被舆论描述为“不疼不痒”“云淡风轻”。穆尼奥斯在此次事件中的糟糕表现受到了广泛质疑。在声明中，他说这件事令全体美联航员工“感到难过”，并为重新安置乘客这件事感到抱歉，却丝毫没有提及当中出现的暴力行径，更没有直接对受害的医生进行道歉。

如果说这份声明只是缺乏诚意，那么第二天被曝光的内部邮件中穆尼奥斯的表态却让网民和媒体感到异常愤怒。在邮件中，穆尼奥斯捍卫航班3411上员工的行为，认为他们“完全是按照程序办事”。“起初他们礼貌地请该乘客下机”，但是该乘客“开始提高声线”并且有“骚扰和好斗”行为。最后“员工百般无奈下只能与乘客进行身体接触，把乘客移出飞机”。

这种人前人后的态度不一，让美联航和穆尼奥斯遭受到更为广泛的批评和质疑。全球消费者在社交媒体上纷纷宣布抵制美联航，不少人在社交媒体上转发各种取消航班订单、剪碎美联航信用卡的图片。一些乘客吐槽自己以前乘坐美联航的糟糕经历，包括美联航处理问题的傲慢态度。

在一家公司失去公众信任后，道歉可能是恢复信心的第一步。企业领导还需要为错误承担责任，并做出道歉。在穆尼奥斯做出全面道歉之前，首先要确定他应该道歉什么。这位老板发给员工的电子邮件把太多的过错归咎于被拖拽的乘客，而对把乘客强行拖下飞机的芝加哥机场保安人员过于客气。文章称，企业的责任延伸至向它们供应和以它们的名义提供服务的人员的行为。

全媒体时代，面对媒体和公众传递信息，不再是一件可有可无的事情，相反应该在机构和个人已经被挤满的日程表上“强制”留出专门的时间去学习和练习。说得好与不好，也不再是简单的评价问题，而是最终会影响机构和个人最核心的利益，可能是股票市值，也可能是每个人到手的工资。

案例二——海底捞的无形公关①

一、案例介绍

2017年8月25日，《法制晚报》记者在海底捞卧底四个月后，发出了一篇引起网络刷屏的报道《记者暗访海底捞后厨：老鼠爬进食品柜　漏勺掏下水道》。文章曝光称，海底捞北京的两家门店卫生环境堪忧，老鼠在后厨乱窜、扫帚簸箕与餐具在一个池子里清洗、洗碗机内部积累了一层油污、员工用顾客使用的火锅漏勺掏下水道……向来标榜食品加工储存流程干净、专业的海底捞一下子成了众矢之的。

事情发生后，海底捞连发三次公开信，进行了诚恳道歉，并公布了一系列处置措施，很快扭转了舆论风向，仅仅用几天的时间就从口碑沦陷的境况成功逆袭。事情曝光后仅仅3个小时，海底捞就发布了第一条道歉信《关于海底捞火锅北京劲松店、太阳宫店事件的致歉信》，在道歉信中，海底捞主动承认媒体披露的报道事实，并表示公司一直在处理这样的卫生安全事件，对这次的曝光感到十分惭愧和自责，感谢社会各界的关心和监督；两个多小时后，又发布了事件处理通报，在通报信中，海底捞公布了

① 李颖，田香凝．媒商十堂课　教你学会信息传递术［M］．北京：清华大学出版社，2018：154-159.

对此事件的具体处理措施以及每项措施的负责人，并表示董事会承担责任，涉事员工无需惶恐，引发网友热议；7月27日，海底捞跟进了《关于积极落实整改，主动接受社会监督》的声明。声明信中，海底捞强调会全面加强员工培训，全面梳理管理系统，将整改效果透明化，邀请社会各界继续监督。

二、案例分析

回顾海底捞的这次危机管理，可以发现其在危机处理中有以下几个要点：

1. 掌握信息发布的节奏

总结这三封公开信，时机上，三小时内快速反应，遵循了舆情处理的“黄金四小时法则”，在负面舆论发酵之前及时发声；内容上，先是态度上认错，再是对问题的纠正，最后是对管理系统的完善，层层推进，刀刀见效，遵循了舆情处理规律；风格上，每封信都言辞恳切真诚，不扯皮不推诿，和它出色的服务态度保持一致。发布节奏和逻辑堪称“教科书级”，被网友归纳为12字：这锅我背、这错我改、员工我养。

2. 具体周全的处置方案

真正实打实的危机管理一定会包含具体的行动承诺，海底捞在它的公开信中就公布了足够多的处理细节，可以经得起外界检验。在事发5小时后的第二封通报信中，海底捞在最短的时间内出台了一系列具体措施，包括：聘请第三方公司，对卫生死角进行排查除鼠；主动向政府汇报，配合政府开展阳光餐饮工作；对监控设备进行硬件升级，实现网络化监控；欢迎媒体朋友到门店检查监督，提出意见；与第三方虫害治理公司研究整改措施等。

3. 主动公布负面信息

海底捞还做了一件看似“给自己拆台”，实际上是“给自己积口碑”的事情：长期在官网上公布自己的负面信息。海底捞在第一封致歉信中就承认公司存在并处理类似的卫生安全事件，这样看似很有风险的自我曝光，显示了海底捞重视安全管理的决心、对自己下狠手的勇气，以及良好的认错态度。它没有在公开信中玩文字游戏，用“仅”“只有”这些限定词将被曝光的事件限定为孤例，反而承认一直有类似的问题，且一直在努力改正问题。这样的坦诚足以激发消费者的好感和信赖。

在海底捞对外公布的处置措施中，有一句最圈粉的话就是“通报称涉事停业的门店干部和员工无需恐慌，该类事件的发生，更多的是公司深层次的管理问题，主要责任由公司董事会承担”，管理层主动承担全部责任，海底捞没有找“临时工”“实习生”“当事人”等当替罪羊，没有开除一名员工，而是直面问题的根源：企业管理制度不完善。

海底捞号称一家没有公关部的企业，对海底捞而言，维护公关不只是一个部门的工作，而是需要高层领导、一线员工乃至顾客集体参与的事，奉行“将员工当作顾客来服务”“把员工当家人”的企业文化，海底捞员工的平均流动率10%左右，远低于中国餐饮业28%的平均流动率，从而将人化为渠道，公关应该在日常的积累中无形存在，让危机处理和好口碑建立于无形中。

第十一章　商业传播的效果与评估

第一节　商业传播的效果

商业传播效果，是指商业传播对人的行为产生的有效结果，具体指消费者接受商业传播信息后，在知识、情感、态度、行为等方面发生的变化，通常意味着商业传播活动在多大程度上实现了传播者的意图或目的。商业传播效果应该分为三个层面：信息认知效果、信息接受效果、行动效果。信息认知效果的评估主要是测定受众对传播内容的知晓与记忆情况；信息接受效果的评估主要测定受众对传播内容的理解情况及对产品的情感；行动效果的评估主要是测定受众受传播内容的影响未来的购买行为意向，即拥有产品的欲望也包括未来向他人推荐的可能性。

一、商业传播效果的主要特点

传播效果具有复合性。这是指广告效果是经济效果、社会效果和心理效果的统一。经济效果是以商业传播结果为导向来评估效果，如以广告促发的销售量来衡量广告效果；社会效果是评估商业传播活动对社会经济、教育、环境的影响；心理效果是商业传播活动给受众带来的心理影响。例如在日常生活中动感地带广告对社会受众所产生的影响是随处可见的，由于动感地带的广告强调个性化，突出一种张扬的性格，从某种程度上迎合了年轻的大学生消费群体，因此可能导致某些受众去模仿广告行为，模仿形象代言人的动作以及把动感地带的广告语当作口头禅。①

传播效果具有滞后性与累积性。这是指商业传播活动是一个动态的过程，消费者所接受的信息，对其影响并非局限于即时，而是滞后和累积的。

二、商业传播效果测定过程

商业传播效果测定过程分为事前测定、事中测定和事后测定三部分。

传播效果的事前测定主要是指对商业作品及媒介组合进行评价，预测商业活动的实施效果，如商业传播创意表现的事前测定、广告作品的事前测定、宣传片的试看、媒体的组合方式及传播时间和空间的事前测定，等等。通常用的测量方法是实验法或现场访问法。

事中测定，是指在商业活动中及时了解消费者在实际环境中对商业活动的反应，如商品销售市场测定。经常运用市场实验方法、回函测定法、分割测定法进行商业效果的事中测定。

事后测定，主要是指对销售效果或传播效果的测定，例如边际效率=商业传播费用的追加部分/销售额的增加部分，通常运用问卷调查、实验法、销售评价等方法。

第二节　影响商业传播效果因素

一、商业传播的效果及其评价指标

广电媒体商业传播效果测评指标包括开机率（Homes Using TV，简

① 引自维基百科：http：//wiki.mbalib.com/wiki/%E5%B9%BF%E5%91%8A%E6%95%88%E6%9E%9C%E8%AF%84%E4%BC%B0 .

写 HUT）、节目视听众占有率、收视（听）率、毛收视率（Gross Rating Points，GRPs，也称毛评点）、受众分布率、受众接触新闻媒介兼容率、受众喜爱率。

收视率（Rating）是指暴露于一个特定电视节目的人口数占所有电视人口总数的比率。

家庭收视点（Household Ratings）是指在特定时间内，收看某电视频道的家庭占总电视家庭数的百分比；个人收视点（People Ratings）是指在特定时间内，收看某电视频道的人口占总电视人口数的百分比；目标受众收视点（Target Ratings）是指在特定时间内，有机会看某个广告的目标受众收看其电视频道占总电视目标受众数的百分比。

总收视点 GRP（Gross Rating Point）是计算媒体投放量的一个重要单位，为一定期间内所有投放档次收视率的总和，具有重叠性，不同收视率调研市场得出的 GRP，不可累加，不可对比，同一市场可以累加对比。

到达率（Reach）是指计算电视媒体投放量的一个重要单位，为一定期间内有机会接触广告一次或以上的人口百分比，也称为“累计到达率”、“非重复人数”或“净受众”。它不具重叠性，最高只能达到 100%。“有效”的概念是指受众要接触广告讯息多少次才会付出行动。一般认为，一个电视广告至少要观众看三次以上，才可能形成记忆或产生效果。

收看 1 次以上的人口百分比为 1+ 到达率，或净到达率；收看 3 次以上的人口百分比为 3+ 到达率或有效到达率（Effective Reach）。

媒体投入产出比例（SOS/SOV）是指媒体投资占有率占媒体效果占有率的比例。媒体投资占有率（SOS）指品牌的媒体花费占总类别媒体花费在个别市场的百分比。媒体效果占有率（Share Of Voice，SOV）指品牌的媒体投放效果量占总类别媒体投放效果量在个别市场的百分比。计量单位一般为 GRP（电视、电台）或接触人口（其他媒体）。SOS/SOV 大于 1，说明广告花费占比高于效果占比；SOS/SOV 小于 1，说明广告花费占比小于效果占比。

每收视点成本（CPRP），是指广告讯息给 1 个收视点受众接触到的成本，计算方法为广告净价 /GRP，可以按不同的基础来计算比较，如不同客户的投放成本对比、不同时段节目的成本对比、不同频道或不同频道的组合的成本对比。它的数值会受很多因素影响，如成本的基础（秒数、折扣率、位置加收）、收视率的调研基础等。如果要做对比，必须统一秒数、受众、数据来源等。

每千人成本（CPM），是指广告讯息给 1000 个受众接触到的成本。此概念可以运用在多种媒体上，如电视、平面。它可用来比较电视和平面的成本。与收视点成本一样，它可以按不同的基础来算。如不同客户、不同媒体可以比效果，不同市场间也可以比较。

纸媒评估指标包括阅读率、发行量、CPM、投放量以及其他。例如竞争性和配合性，竞争性是指投放内容、产品与竞争对手可以形成竞争，具有针对性；配合性是公司投放内容与集团公司及全国的宣传一致，地市级公司投放内容与省公司的宣传内容保持一致性。

平面媒体评估指标包括阅读率、平均每期阅读率和传阅阅读率。阅读率（Readership）是指印刷媒体每期总接触人口，或称“阅读人口”。涉及平均每期阅读率（Average Issue Readership，AIR）和传阅阅读率（Pass Along Readership），即以传阅方式接触刊物的总接触人口。

二、新媒体广告效果评估

商业传播的广告效果评估包括广告创意效果和广告媒介效果，广告创意效果更多地侧重事前评估，广告媒介效果更多地侧重于事后评估。广告效果评估包括四个阶段。

第一个阶段是保障有足够多的目标客户接触到广告，需要评估广告的到达率、受众对广告的接触频率还有广告的认知度。广告的到达率是指该媒体的所有用户中，可接触到该广告的用户比例。广告的接触频率是指受众在某时段内接触该广告的频率。广告认知度包括广告的有效认知和提示广告的认知，广告的有效认知是指在没有任何广告内容、提示卡的提示下，被访者回忆起广告内容的比例，提示广告的认知是指出示部分广告的内容，被访者回忆起广告内容的比例。

第二个阶段是为接触广告的目标客户传递一些信息，需要评估受众对广告的关注度、识别度和回忆率。关注度包括注目率和阅读率，注目率是指是否看过该广告，阅读率是指内容的关注；识别度包括品牌识别和主要传达信息识别，即识别该广告是哪个品牌的广告和主要诉求点是否被受众准确认知；回忆率是指受众对广告内容或者情节的回忆，还记得什么。

第三个阶段是说服目标客户喜欢广告的产品或品牌，需要评估受众对品牌的认知度、公司认知度、客户忠诚度和广告说服效果。品牌认知度和公司认知度就是指受众是否知道该品牌和该公司；客户忠诚度是指品牌尝试率、品牌推荐率和重复购买率；广告说服效果包括认为同类人也会看、以后还想看、值得看、增加了使用该产品的兴趣、对该公司的感觉比以前好、愿意向别人提起广告中的信息。

第四个阶段是影响目标客户购买广告的产品，需要评估受众的购买意向和增量购买。购买意向是指目标客户未来购买的可能性；增量购买是指自广告播出一段时间后，商户销量的增量。

第三节　商业传播的效果评估与反馈

一、商业传播效果评估模型[①]

陈思 2013 年总结了传播效果评估模型的演进。传统消费者行为模式

① 陈思．试论传播效果评估工具与方法的演进——从 AIDMA 到 SIPS 的效果评估发展阶段［J］．中国报业，2013（3x）：44-45.

AIDA 认为，消费者从最初的了解商品，到最终购买，会经历四个阶段——引起关注 A（Attention）；激发兴趣 I（Interest）；产生欲望 D（Desire）；实现购买 A（Action）。在传统媒体营销时代，AIDA 模式可以很好地解释消费者的行为模式。

然而，由于互联网的飞速发展，特别是社会化媒体的崛起，已经极大地方便了消费者对意向品牌的价格、功能、使用体验等具体信息的反复比较。进入 Web2.0 时代，2005 年日本电通公司针对互联网与无线应用时代消费者生活形态的变化，提出的一种全新的消费者行为分析模型——AISAS 评估模式：注意—兴趣—搜索—行动—分享（Attention-Interest-Search-Action-Share）。它强调各个环节的切入，紧扣用户体验。其中两个具备互联网背景特质的"S"——Search（搜索）和 Share（分享）的出现，强调了互联网时代下受众主动行为的重要性。

2010 年，百度在 AISAS 模式基础上提出了 DSEAS 模型：需求—搜索—评估—行动—分享（Demand-Search-Evaluation-Action-Share）。该模型主要是针对互联网时代受众在搜索引擎这一媒介平台行为的评估，产生需求后生发搜索行为，对检索的信息进行评估后才会采取适当行动进行信息的分享，该模式是国内针对搜索引擎媒介平台受众行为的典型分析和评估模型之一。

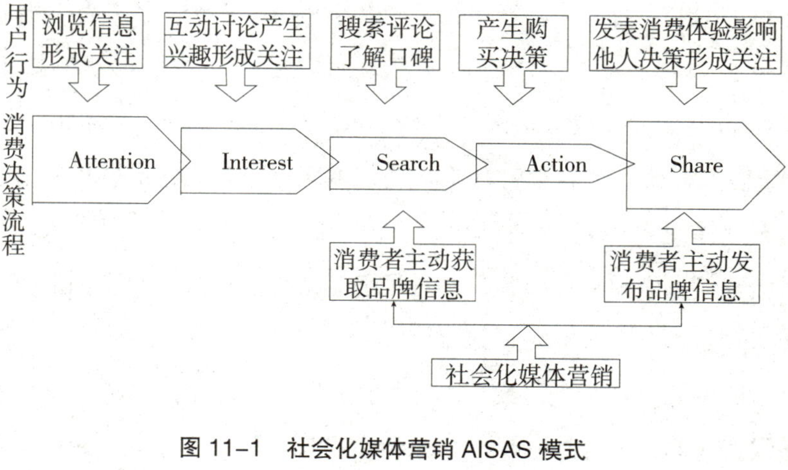

图 11-1　社会化媒体营销 AISAS 模式

AISCEAS 模型是继 AISAS 模型之后由日本 Kazumi 等人倡导的又一个反映受众行为过程的评估模型，由 Innovation Inc. 公司在其日文博客网站上进行详细阐述。该模型分为七个层次：注意—兴趣—搜索—比较—检验—行动—分享(Attention-Interest-Search-Comparison-Examination-Action-Share)。该模式同样结合互联网背景，和 AISAS 模型相比，融入 Comparison 比较、Examination 检验两个层次，反映受众在进行信息接收和筛选中的心理过程。

在人类进入“对话”时代背景下，社会个体和信息关系发生变革，社会个体主动检索、分享个人信息，意见相同个体聚集成群。2011 年，日本电通继 AISAS 之后发布了 SIPS 模型分析工具，该模型分为四个阶段：共鸣—确认—参与—共享与扩散（Sympathize-Identify-Participate-Share & Spread），SIPS 模型把受众获取信息，产生共鸣后的“确认”“参与”“共享与扩散”的三个行为环节表达得十分清晰，使传播效果评估的全过程又深入一步。

2011 年，中国 DCCI 互联网数据中心发布了全数字时代用户消费触点 SICAS 模型，其产生背景基于数字时代、移动互联网变革下的全新传播生态——在新生态下的受众轨迹、受众行为模式下，受众关系网络通过全网触点主动获取信息。SICAS 模型是 DCCI 提出的建设性行为模型，是对 AIDMA、AISAS 的全面革新和替代，其模型分为五个阶段：品牌与用户相互感知—产生兴趣并形成互动—建立联系并交互沟通—产生购买—体验与分享（Sense-Interest & Interactive-Connect & Communicate-Action-Share）。SICAS 模型的核心思想是将受众与当前多触点分布式的信息传播建立起一个动态感知网络（Sense Network），其中的触点既有来自对需求的响应又有对已知信息印象的产生，对话过程随时随地、通过遍布全网的传感器感知受众的需求、取向、去向。

目前国际上通用的计费方式是 CPM（Cost Per Million）。CPM 是按照网络媒体访问人次计费的标准，是指在广告投放过程中，按每一千人看到某广告作为单价标准，依次向上类推的计费标准。这种计算方法有一个成立的前提，即必须要有权威的第三方系统来检测观看广告的实际人数。

目前国内最主要的广告计费方式是 CPT（Cost per time），即每广告位时间成本，比如包月、包天等。CPT 是传统媒体广告购买模式的延续，它使得网络广告的计费模式更趋近于传统媒体的购买模式。广告主可以根据自身需求在特定时间段选取特定广告位进行有针对性的宣传。

换言之，CPT 在技术上可以看作 CPM 的变体，以适应国内广告主在广告购买上的方便。广告主可以根据自身需求在特定时间段选取特定的广告位进行有针对性的宣传。但由于网络的双向性，网络媒体拥有传统媒体所不具有的广告效果可记录性，然而 CPT 却显然抹杀了互联网的这一优势。CPT 沿用几年，广告主渐渐发现这种计费形式缺乏说服力，或者说，广告主们越来越需要系统地分析互联网广告所产生的效果。

国内另一种广泛使用的计费模式为 CPC（Cost per Click），即点击成本。通过 CPC 的广告点击数和点击率，广告主可以很清楚地了解自己投放的网络广告到底带来了多少宣传效果，简单而直接地满足了广告主对广告效果评估的需求。很显然，广告点击率并不是解释广告效果的唯一指标。对于把树立品牌作为广告目的的企业，广告位置和广告语言的优劣所导致的广告支出和由此带来的用户的反作用才是他们的最终需求。

为弥补 CPT 和 CPC 的不足，国内目前采用 CPA 和 CPS 模式的广告主有所增多。

CPA（Cost per Action），即每用户行动成本，即用户在浏览该广告后，做出了明显利于广告主实际利益的行为，比如注册广告主会员。

CPS（Cost per Sale），即每用户购买成本，用户在浏览该广告后，产生实际的购买行为。后者实际是前者的进一步细化。①

① 陈冠男．新媒体网络广告效果评估指标及运用分析［J］．今传媒，2013（2）：101-102.

网络广告传播效果的评估指标可分为定性指标、环境指标和定量指标。定性指标包括广告的公信度、美誉度和喜爱度；环境指标是修正指标，包括广告位置、广告格式和广告介入度，其中广告介入度是由广告页面浏览时间和网络广告浏览时间决定；定量指标是测量网络广告传播效果的核心指标，包括每时间成本（CPT）、千人印象成本（CPM）、每点击成本（CPC）、每行动成本（CPA）、每销售成本（CPS）。

- 定性指标
  - 公信度
  - 美誉度
  - 喜爱度
- 修正指标（环境指标）
  - 广告位置
  - 广告格式
  - 广告介入度
    - 广告页面浏览时间
    - 网络广告浏览时间
- 核心指标（定量指标）
  - 每时间成本（CPT）
  - 千人印象成本（CPM）
  - 每点击成本（CPC）
  - 每行动成本（CPA）
  - 每销售成本（CPS）

图 11-2 网络广告效果评估综合指标体系

在计算网络广告效果的时候应该首先计算网络广告效应系数，即定性指标乘以修正指标，在此基础上再由核心指标除以该效应系数得出广告综合效果。如某企业为树立企业品牌而做网络广告，这时其核心指标应该选取千人印象成本（CPM），那么其效果评估就用综合千人印象成本来表示：

广告效应系数 = 定性指标 × 修正指标 =（公信度分值 × 公信度权重 + 美誉度分值 × 美誉度权重 + 喜爱度分值 × 喜爱度权重）×（广告位置 × 广告位置权重 + 广告格式 × 广告格式权重 + 广告介入度 × 广告介入度权重）

其中广告介入度 = 广告页面浏览时间 × 广告页面浏览时间权重 + 网

络广告浏览时间 × 网络广告浏览时间权重。这时，综合千人印象成本 = 千人印象成本 / 广告效应系数。[①]

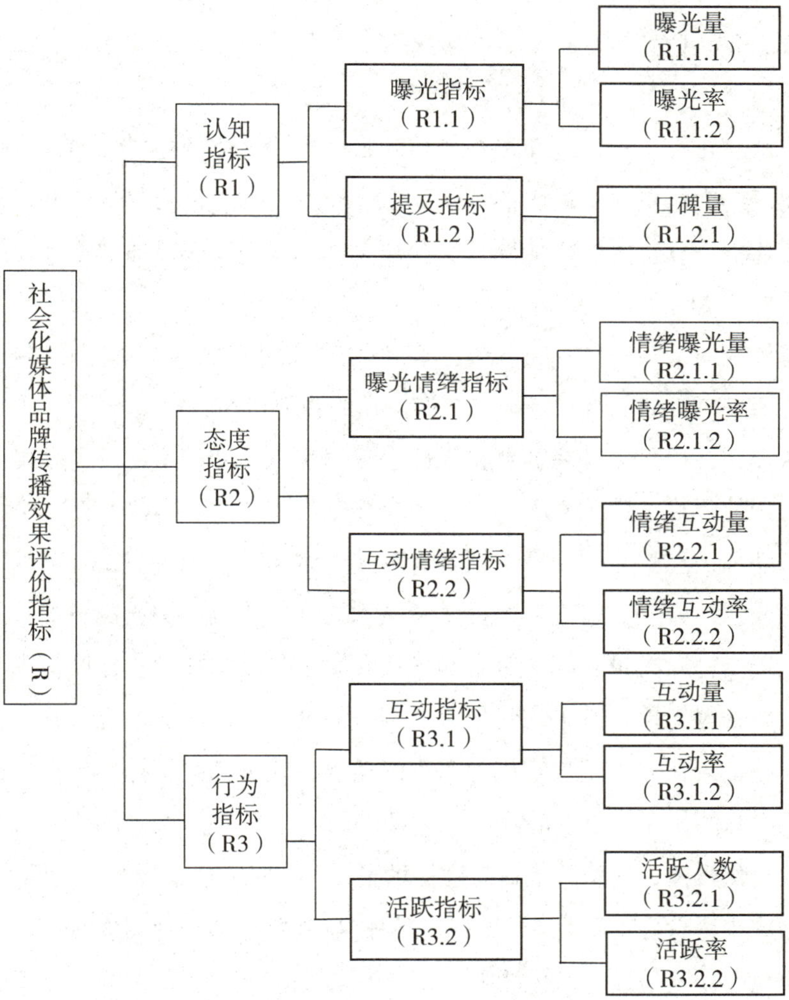

图 11-3 社会化媒体下品牌传播效果评价指标体系[②]

① 苏林森．网络广告效果评估的现状、问题与修正［J］．声屏世界，2011（8）：51-52.

② 谢新洲，刘京雷，王强．社会化媒体中品牌传播效果评价研究［J］．图书情报工作，2014（14）：6-11.

如果两个企业出于同样的目的、在同一个的网站做企业品牌广告，两个广告的千人印象成本均为200元，但甲企业广告的效应系数为0.8，乙企业广告的效应系数为1.2，则甲企业广告的综合千人印象成本为200 /0.80 = 250元，乙企业广告的综合千人印象成本为200/1.20 ≈ 167元，则乙企业广告更划算。

在社会化媒体中，认知、态度和行为有不同的体现形式，因此需要以社会化媒体中消费者对品牌的认知、态度和行为的评价为目标，同时兼顾大数据环境下评价的可操作性，设计社会化媒体中品牌传播效果评价指标体系（如图11–3）。

与传统的认知评价方法不同，海量的社会化媒体数据扩充了评价样本，使评价结果能更加及时、准确地反映认知的客观情况。

认知指标衡量品牌在社会化媒体中被消费者认知的情况。“接触”是品牌认知的先决条件，“曝光”是受众接触品牌的主要方式。在社会化媒体中，品牌信息曝光的途径包括含有品牌关键词的信息被点击、被回复、被评论或者被转发。曝光指标是测量品牌在社会化媒体中被浏览的情况，通过三级指标曝光量和曝光率来测量；曝光量是品牌在社会化媒体中被浏览的次数；曝光率则是平均每位用户浏览品牌信息的次数。提及指标是测量品牌在社会化媒体用户言论中出现的情况，通过三级指标口碑量即品牌在网民发布的信息中出现的次数来测量。

社会化媒体为消费者表达态度提供了平台，同时也是传播态度的空间。这对品牌来说存在两面性。正面态度的传播可以帮助品牌树立良好口碑，而负面态度甚至是谣言的传播则会使品牌陷入危机。

态度指标测量网民对品牌的观点倾向性，其中正面信息在品牌传播效果中发挥积极作用，而负面信息发挥相反作用。网民对品牌的观点倾向性是正面和负面信息综合作用的结果。

态度指标包括曝光情绪指标和互动情绪指标。曝光情绪指标是测量关于品牌的态度在社会化媒体中的曝光情况；互动情绪指标是测量网民互动中关于品牌态度的情况。

曝光情绪指标是由三级指标情绪曝光量和情绪曝光率测量的；情绪曝光量是指品牌正面信息与负面信息展示次数之差；情绪曝光率是指品牌正面信息与负面信息展示次数之差占曝光量的比例；互动情绪指标是由三级指标情绪互动量和情绪互动率来测量的；情绪互动量是指正负面互动的差值；情绪互动率是指正负面互动量的差值占总互动量的比例。

在社会化媒体环境下，消费者行为主要表现为品牌传播引发的网民互动和信息传播。在指标体系中，用互动指标以及活跃用户的情况衡量品牌传播对网民行为作用的效果。行为指标是由互动指标和活跃指标来测量的；互动指标是测量网民参与品牌信息互动的情况，由三级指标互动量和互动率来测量的；互动量是指回复、评论或转发等互动信息的数量；互动率是指每个用户平均参与互动的情况。活跃指标是测量网民传播品牌信息的活跃情况，由三级指标活跃人数和活跃率来测量的；活跃人数是指积极传播品牌信息的用户数量；活跃率是指活跃人数占用户总量的比例。

企业微博营销传播效果评估体系是随着微博的火热而渐趋成熟的体系。首先是信息发布者，在整个微博营销过程中，作为信息传递的起点，信息的发布情况与具体内容直接影响着信息传播过程。信息发布者包括微博发布和微博内容，企业官方微博的发布情况主要是企业所发的微博数量和更新频率；微博内容质量是微博内容评估的重要指标。

其次是信息传播过程，信息传播过程是指企业营销微博信息发布之后，用户与企业微博之间产生的互动过程，也是使用户注意到企业信息的过程。企业信息传播过程包括曝光度和参与度，曝光度的衡量指标主要包括企业微博的访问量、粉丝量、链接点击量、品牌被提及量和活动参与数；参与度主要是通过对转发量、评论数、点赞量、关键词提及量、@好友数的统计来进行评估。

最后是信息接收者，即企业微博的粉丝。包括粉丝质量、粉丝活跃度、粉丝与企业的行业相关性和评论转发态度。考虑到僵尸粉市场的存在，想要更科学的评估，粉丝质量是必不可少的一个指标。在企业微博的粉丝中，拥有高质量粉丝特别是微博名人、微博达人等意见领袖将有利于信息的广泛传播，提高受众对品牌信息的接受度。目前国内微博面临着活跃用户逐渐减少的问题。如果粉丝中活跃粉丝的比率太小，将难以充分与受众产生互动，阻碍品牌传播。仅从粉丝量来考核企业微博的被关注度易造成偏差。根据调查统计，31.68% 的微博用户处于行业属性相同的原因而关注某个企业微博，并且 69.31% 的微博用户认为企业微博营销使他们了解了某一行业的动态。单纯的回复量和转发量只能说明企业微博营销信息的传播范围和传播力，传播效果受评论和转发的态度决定。如果企业微博在发布信息之后，获得的回复和转发大部分都处于正面、积极的回应，那说明企业通过微博传播的信息给用户留下了正面的印象，这是证明企业微博营销取得理想效果的佐证之一（图 11–4）。

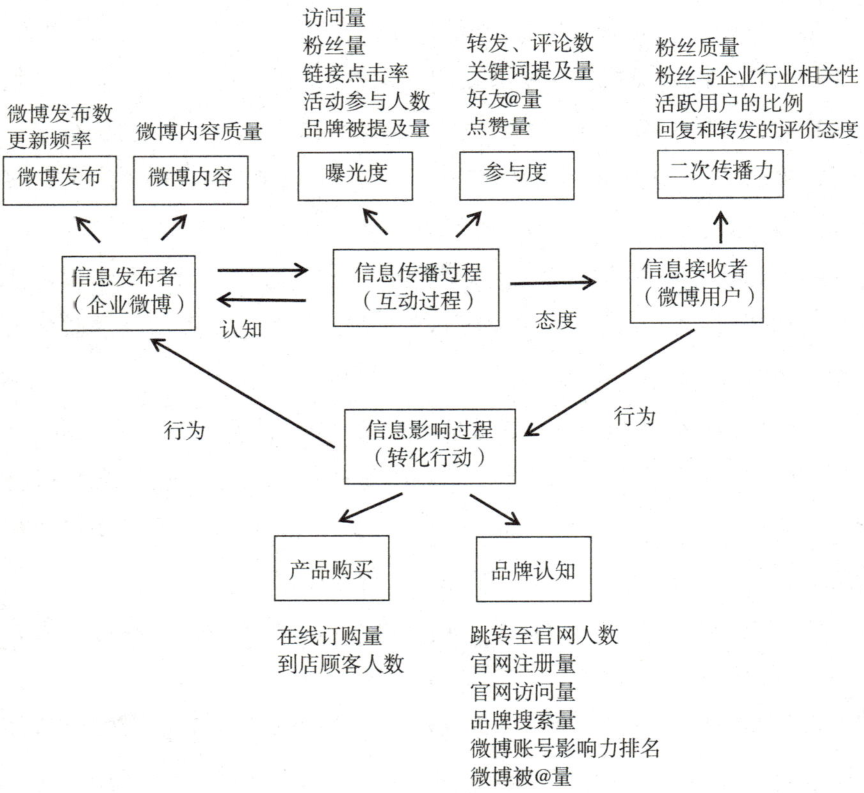

图 11–4　企业微博营销传播效果评估体系[①]

① 单文盛，姜丽秋．企业微博营销传播效果评估指标研究［J］．长沙大学学报，2014，28（4）：15–19.

信息影响过程是微博营销传播过程的末端，是微博营销传播效果最明显的一块，主要包括品牌认知影响和产品购买影响。企业微博营销产生的首要影响就是改变了受众的品牌认知。品牌搜索量、企业微博账号排行、官网在线注册量、官网访问量都是衡量微博营销后受众品牌认知度的直观数据。同时 58.42% 的用户愿意就产品问题通过企业官方微博的渠道进行沟通，例如用户在产品使用过程中出现问题和疑问，可发微博 @ 企业微博进行质疑，形成一个信息反馈的过程，所以还应将企业微博被 @ 量作为评估系统的参数之一。其次是产品购买影响，根据调查结果，如果对微博营销的产品感兴趣，50.5% 的用户愿意去实体店或专柜购买，55.45% 的用户愿意去相关网站购买，在线订购量与到店顾客量则是衡量营销效果的最直观数据。

二、传统商业传播效果评估方法

传统的商业传播效果是通过受众调查获取二手数据或者原始数据来进行评估。原始数据的获取可通过定性或者定量的方法。定性的调查方法包括焦点小组、深度访谈、影射法；定量调查包括观察法、实验法和调查法（图 11–5）。

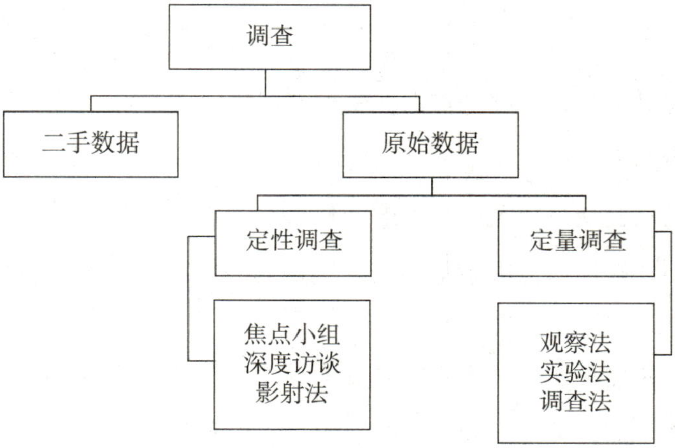

图 11–5　传统商业传播效果评估方法

三、新型商业传播效果评估方法

随着大数据的发展和技术的进步，市场上开始采用新型的商业传播效果的评估方法，主要包括采用智能评估平台评估传播效果、基于广告效果的甲方数据评估、传播效能评估法。

第一，采用智能评估平台评估传播效果，中央人民广播电台中国之声已采用 Radio Buy 网络数字广告监测平台，这样的平台已经在三方面起到重要作用：使电台和广告主实时了解电台覆盖情况和覆盖变动情况；将以往等待监播报告催款的时间缩短为零，大大缩短了尾款回款周期，提高了广告款付款方式的灵活度；该平台具有监测竞品投放的功能，为同类客户投放提案提供了准确的数据支持，为广告主投放战术的调整提供了清晰的情报依据，大大提高了电台广告业务经理广告提案水平。

第二，基于广告效果的甲方数据评估，数字化传播时代，广告主正在广泛采用广告投放后自身变化的营销数据来评估广告效果，相比第三方数据评估，我们将其称为广告效果的甲方数据评估，甲方广告数据可以来源于以下几个方面：网络平台数据，针对广告主与互联网营销有关的广告，广告主对其官网的点击情况进行分析，通过点击量变化、新增访问量变化来评估广告效果。此外，通过对广告带来的新用户的网络地址进行分析，还可获得广告覆盖区域、广告受众特征、广告经济效益等多方面的深度数据。对于关键词广告，则可根据搜索引擎提供的关键词点击量变化甚至支付搜索平台的广告费变化来评估广告效果；社交反馈数据，广告主通过自身微信、微博公众账户关注数量的变化，对广告效果进行评估；广告主调查问卷数据，媒体通过电子邮件、微信、短信调查问卷的方式，对经销商以及用户进行定向的广告效果调查。①

第三，传播效能评估法，就是对网络广告刊登后的一段时间内，对网络广告所产生的效果的不同层面赋予权重，以判别不同广告所产生效果之

① 周伟、邓超．广播广告效果评估方式创新［J］．中国广播，2014（9）：27-30.

间的差异。这种方法实际上是对不同广告形式、不同投放媒体或者不同刊登周期等情况下的广告效果比较，而不仅仅反映某次广告刊登所产生的效果。传播效能就是指随着网络广告的刊登，其广告宣传对象的信息也在不断传播，从而产生了对品牌形象和产品销售潜力的影响，这种影响侧重于长期的综合的效果。

例如某通信制造商在 A、B 两家网站上刊登了某通信产品的广告，刊登周期为 1 个月的时间，广告刊登结束后，A、B 两家网站向该制造商提供了网络广告在其网站上的被点击次数（访问量），分别为 5102 和 3051。同时，网站协助制造商对网民的行动进行了跟踪调查，得到由于受网络广告影响而产生的购买次数分别为 102 和 124。在使用这种方法进行计算之前，需要说明的是：根据一般的统计数字，每 100 次访问量可形成 2 次实际购买。根据上面所提到的统计数据，每 100 次访问量可以形成 2 次购买，那么可以将实际购买的权重设为 1.00，每次访问的权重设为 0.02，由此可以计算网络广告在 A、B 两家网站刊登所产生的传播效能。网络广告在 A 网站上所产生的传播效能为：102×1.00+5102×0.02=204.04，网络广告在 B 网站上所产生的传播效能为：124×1.00+3051×0.02=185.02。[①]

案例——Netflix 运用自平台数据帮助内容评估和生产优化[②]

一、案例介绍

2012 年，Netflix 的一部《纸牌屋》（*House of Cards*）给整个网站带来了光环效应，同时也深刻震慑到传统电视人。2010 年，Netflix 在《纸牌屋》的版权争夺中击败了 HBO、AMC 等竞争对手，从而拥有《纸牌屋》的首播权以及两年的独家播放权。为此，Netflix 为《纸牌屋》（分为两季，共 26 集）提前支付了 1 亿美

① http：//wiki.mbalib.com/wiki/%E4%BC%A0%E6%92%AD%E6%95%88%E8%83%BD%E8%AF%84%E4%BC%B0%E6%B3%95 .

② 唐瑞娟，王薇 . 海外内容评估实践［J］. 广告大观（媒介版），2016（2）：59-67.

元制作费。

在制作的过程中，Netflix押注大数据。从这些数据当中，Netflix能知道哪位导演的作品获得了最高的点击，有多少用户正在观看斯贝西和芬奇的电影，也知道用户喜欢什么样的政治惊悚片，甚至知道用户在什么情节觉得不够吸引，点击了暂停去了洗手间……如果这样的数据量积累得够大，数据挖掘得够精细的话，是非常有意义的，能够有效提高内容成功的概率。于是，最终我们看到了《纸牌屋》的第一季，它由曾摄制《社交网络》的导演大卫·费舍尔执导，著名影星凯文·史派西主演。Netflix首席内容官兼副总裁泰德·萨兰多斯也透露，该剧自播出以来，已在Netflix覆盖的所有国家中成为收视率最高的电视剧集，观剧的人数和总观看时长都高居榜首。

Netflix建立了一套极致精细的用于评估的数据库。这个数据库构建的基础一方面有平台实时的观看数据沉淀，另一方面是对内容的细分、解构、标签的过程。Netflix内部把这个分类过程称为"altgenres"，这种解构方法和系统非常精确、繁复。根据大西洋月刊的记者粗略统计报道："Netflix至少把影片分成76897种'微类型'，这打破了原本对于影片类型粗放式的分类方法。Netflix能由此分析出最受欢迎的影片类型，以及最受欢迎的演员与导演等。除了Netflix的员工以外，没有人了解Netflix是如何细致分类的。他们要面对好莱坞那般空前的数据储存，而记者所统计的数量的类型只是冰山一角。Netflix首先要雇佣一群人，让他们阅读一份长达36页的培训文档，训练他们如何对影片的性暗示内容、暴力程度、浪漫桥段、甚至情节等元素，做出精确的评级细分，他们捕捉了数万种不同的电影属性，甚至是人物的道德派别。"

基于这样的解构和标签，Netflix评估体系中，对影片信息的定义和描述也能非常细致，如果用公式来表述的话，“影片定义＝影片地区＋影片主题＋形容词元素＋类型片类型＋演员＋演员特性＋创作来源＋时间＋故事情节＋内容＋得奖状况＋适宜观看的人群＋……”这将是一个能具体到非常细微的指标体系。它的价值在于，Netflix 可以根据这些标签和观看数据进行交叉，用于已有内容的评估、尚未生产的内容决策、内容营销、内容交易等各个环节。“我们要把影片内容给撕裂，通过这些分类标签，Netflix 不仅能给我们的订户推荐影片，甚至告诉他们你喜欢的类型究竟是什么。基于 Netflix 算法，我们甚至提前帮用户预估，他们看完影片，会给影片打几分”。Netflix 副总裁 Todd Yellin 曾这样公开表示。

二、案例分析

在互联网时代，大数据的使用已是常规，依据数据分析进行的内容评估便顺理成章。依据数据类型的差别，可将其大致分为数据库数据、自平台数据、搜索数据、社交数据以及跨平台交互数据。在这些多样化的海量数据的基础之上，进行精准的数据分析来挖掘内容的价值，这其中涉及影视投资预测、内容生产和优化、票房与前景预测、电视收视预测等多个方面。这样的内容评估方式使得影视等内容的生产和媒体投资决策不再单单凭借直觉、经验、有限的信息和数据，而是在海量的多样化数据下转变数据理念，通过数据的交叉关联分析，专业地挖掘和可视化地处理这些数据，将冰冷的数据活化为有生命力的战略性媒体投资决策，将隐性的数据彻底变为显性的内容生产力，最终实现内容价值，将数据与数据分析真正实用化。

在数据库数据、自平台数据、搜索数据、社交数据、跨平台交互数据等多样化类型海量数据的基础上，从不同角度进行数据分析，最终或是用于预测如投资预测、票房预测，或是用于内容评估如电视收视排行、影视剧生产优化，数据的分析和使用更加贴近实际。互联网的大数据在纵向历史上与传统受众研究相比虽不具优势，但在横向时间上却具有极大的优势。具体来说，数据的容量巨大，只要使用互联网就会产生痕迹，就会有数据产生；同时，根据互联网用户的使用行为轨迹，数据是动态变化且复杂的。在这些数据的基础上，能够分析得出与用户相关的众多信息，用户在大数据面前更加透明，用户画像被描绘得更加精准，无限接近真实用户。因此，数据不再只是数字，伴随数据分析一同成为深入挖掘内容价值的重要工具。

参考文献

［1］［美］戈夫曼．聚集现象的结构（日译本第1版）［M］.东京：诚信书房，1980.

［2］［美］威尔伯·施拉姆，威廉·波特.传播学概论［M］.李启，周立方译.北京：新华出版社，1984.

［3］［日］船津卫．传播学入门（第1版）［M］.东京：有斐阁，1997.

［4］［日］见田宗介等．社会学事典（第1版）［M］.东京：弘文堂，1988.

［5］郭庆光.传播学教程（第二版）［M］.北京：中国人民大学出版社，2011.

［6］［日］小关八重子．少数派的影响过程［A］.社会心理学观点［C］.东京：诚信书房，1988.

［7］段鹏．传播学基础：历史、框架与外延［M］.北京：中国传媒大学出版社，2006.

［8］范东生，张雅宾．传播学原理（第1版）［M］.北京：北京出版社，1990.

［9］郭庆光．传播学概论［M］.北京：中国人民大学出版社，2011.

［10］刘建明（主编）．宣传舆论学大辞典（第1版）［M］.北京：经济日报出版社，1993.

［11］沙莲香．传播学：以人为主体的图像世界之谜（第1版）［M］.北京：中国人民大学出版社，1990.

[12] [英] 保罗·斯图伯特（主编）. 品牌的力量 [M]. 尹英，万新平，宍振译. 北京：中信出版社，2000.
[13] 陈力丹. 经济新闻理论与实践的几个问题 [J]. 今传媒，2005（11）.
[14] 陈力丹. 谈谈当前经济新闻的作用和特点 [J]. 新闻知识，2000（6）.
[15] 陈先红. 试论品牌传播的消费者导向原则 [J]. 现代传播，2002，1.
[16] 程道才，严三九. 经济新闻写作概说[M]. 北京：中国广播电视出版社，2001.
[17] 仇学英. 热点经济新闻采访技巧 [M]. 北京：新华出版社，1998.
[18] 戴铭. 中国证券报道研究 [D]. 成都：四川大学，2004.
[19] 董玉琴. 漫谈经济报道 [M]. 北京：新华出版社，1997.
[20] 樊凡，时统宇. 经济新闻范文评析 [M]. 北京：新华出版社，2001.
[21] 黄升民，杨雪睿. 碎片化：品牌传播与大众传媒新趋势 [J]. 现代传播，2005，6.
[22] 李洪波，张泽萱，刘先凡. 优秀经济新闻赏析 [M]. 武汉：湖北科学技术出版社，1999.
[23] 李良荣. 新闻学导论 [M]. 北京：高等教育出版社，1999.
[24] 刘晓英. 基于企业文化的品牌传播研究 [J]. 经济问题. 2008，1.
[25] 彭朝丞. 怎样写好经济新闻 [M]. 北京：人民日报出版社，1993.
[26] 沈毅. 中国经济新闻史（第一版）[M]. 北京：北京大学出版社，2008.
[27] 苏林森. 媒介消费与宏观经济的关系研究（第1版）[M]. 北京：中国人民大学出版社，2012.
[28] 苏林森. 相对常数研究的方向：超越常数的媒介消费研究 [J]. 国际新闻界，2008，9.
[29] 苏林森. 城市化、工业化和收入水平对媒介消费水平的影响 [J]. 国际新闻界，2009（2）.
[30] [日] 田崎笃郎. 大众传播效果研究的展开（第1版）[M]. 东京：

北树出版社，1992.
[31] 王春枝．相对常数原理的内涵、批评与发展[J]．国际新闻界，2008（4）.
[32] 王海忠．品牌管理[M]．北京：清华大学出版社，2014.
[33] 王华庆．经济新闻采访与写作[M]．北京：中国广播电视出版社，2003.
[34] 卫中旗．基于企业文化的企业品牌建设研究[J]．改革与战略，2010，11.
[35] 翁昱．企业形象识别系统的系统研究[D]．太原：中北大学，1996.
[36] 徐人仲．经济新闻学初探[M]．北京：新华出版社，1993.
[37] 许静（编）．传播学概论[M]．北京交通大学出版社，2007.
[38] 阎江，杨建国等．经济新闻本体论纲[M]．石家庄：河北人民出版社，1997.
[39] 余明阳，舒咏平．论“品牌传播”[J]．国际新闻界，2002，3.
[40] 余镇邦，黄其庄．经济新闻写作[M]．北京：新华出版社，1997.
[41] [美]约翰·菲利普·琼斯．广告与品牌策划[M]．北京：机械工业出版社，1999.
[42] 张金海，段淳林．整合品牌传播的理论与实务探析[J]．黑龙江社会科学，2008，5.
[43] 张颂甲．经济新闻写作浅说[M]．北京：经济日报出版社，1991.
[44] 周胜林．商务传播：值得开拓的研究领域[J]．新闻实践，2008，11.
[45] Demers, D. P.（1994）. Relative constancy hypothesis, structural pluralism, and national advertising expenditures. *Journal of Media Economics*, 7（4）, 31–48.
[46] Dupagne, M.（1997）. Beyond the principle of relative constancy: Determinants of consumer mass media expenditures in Belgium. *Journal of Media*

Economics, 10（2）, 3–19.

[47] Lacy, S., & Noh, G. Y.（1997）. Theory, economics, measurement, and the principle of relative constancy. *Journal of Media Economics*, 10（3）, 3–16.

[48] McCombs, M., & Nolan, J.（1992）. The relative constancy approach to consumer spending for media. *Journal of Media Economics*, 5（2）, 43–52.

[49] McCombs, M. E.（1972）. Mass media in the marketplace. *Journalism and Communication Monographs*, 24.

[50] McQuail, D., & Windahl, S.（2015）. *Communication models for the study of mass communications*. Routledge.

[51] Noh, G. Y., & Grant, A. E.（1997）. Media functionality and the principle of relative constancy: An explanation of the VCR aberration. *Journal of Media Economics*, 10（3）, 17–31.

[52] Son, J., & McCombs, M. E.（1993）. A look at the constancy principle under changing market conditions. *Journal of Media Economics*, 6（2）, 23–36.

[53] Wood, W. C., & O'Hare, S. L.（1991）. Paying for the video revolution: Consumer spending on the mass media. *Journal of Communication*, 41（1）, 24–30.

图书在版编目（CIP）数据

商业传播研究 / 苏林森著. —北京：中国国际广播出版社，2018.6
ISBN 978-7-5078-4373-6

Ⅰ. ① 商… Ⅱ. ① 苏… Ⅲ. ① 商业企业—传播—研究②商业品牌—传播—研究 Ⅳ. ①F715-05

中国版本图书馆CIP数据核字（2018）第255678号

商业传播研究

著　　者	苏林森
责任编辑	杜春梅
版式设计	国广设计室
责任校对	张　娜
出版发行	中国国际广播出版社［010-83139469　010-83139489（传真）］
社　　址	北京市西城区天宁寺前街2号北院A座一层 邮编：100055
网　　址	www.chirp.com.cn
经　　销	新华书店
印　　刷	天津市新科印刷有限公司
开　　本	710×1000　1/16
字　　数	200千字
印　　张	15.25
版　　次	2018 年 6 月　北京第一版
印　　次	2018 年 6 月　第一次印刷
定　　价	48.00 元

CRI 中国国际广播出版社　欢迎关注本社新浪官方微博　官方网站 www.chirp.cn